生命樹

Health is the greatest gift, contentment the greatest wealth.
~Gautama Buddha

健康是最大的利益，知足是最好的財富。 ——佛陀

青春走得太快，領悟來得太慢

Too Soon Old, Too Late Smart:
Thirty True Things You Need to Know Now

在失去中獲得、在恐懼中勇敢，
看精神科醫師如何拿回人生主控權。

戈登・李文斯頓 博士
Gordon Livingston, M.D. —— 著
吳宜蓁 —— 譯

獻給我的患者們
本書中大部分的內容是你們教我的

以及獻給克萊兒（Clare）
這個毫無理由、選擇愛我的人

—推薦序—

別給那些不重要的事太多權力

御姊愛—知名作家

我一直都在等待，某一天會有精神科醫師願意用最坦誠的言語，剖析自己、將自己親身經歷的人生困難，一五一十與讀者分享。或許你也一樣，我們都看過太多心理專家假裝自己說的是病人個案，再用專家口吻帶入自我解剖的書籍。畢竟，若連心理專家都不能坦率面對自己的過往與現在，我們怎麼期待這些書所提出的建議是「行得通」的？

還好，我等到了戈登·李文斯頓。他是精神科醫師，畢業於西點軍校和知名的約翰霍普金斯大學醫學院。但他並沒有比你我的人生高明到哪裡去，和妻子分居、一個兒子躁鬱症自殺，另一個兒子因病過世，被醫生同事意外洩漏自己是被領養來的孩子……如果這些經歷都沒有擊垮他，反而讓他更想提醒其他人一些至關重要的處世觀點，我認為你一定要看看，這樣**強大的力量**從何而來。

這本書有一大部分在引領你，如何把人生的主導權掌握在自己手裡。我知道，坊間有數萬本書在教你「做自己」，可是催眠式的口號沒有用，一旦走出家門、面對世界時，人們總是又龜縮，把自己無法勇敢的原因怪給環境、怪給伴侶、怪給社會經濟結構，甚至怪給童年創傷。是的，自從「情緒勒索」這類名詞在出版市場蔓延開來之後，許多人便順理成章找到讓自己無法勇敢的禍首。

〈大多數的童年創傷，已經過了「追訴時效」〉是我特別喜歡的篇章之一，讓我想起許多身邊的朋友、或是寫信給我的網友，時常會在分析自我的感情難關、無法與他人好好相處的時候，提到自己來自一個破碎的家庭。又或是當自己無法與伴侶好好溝通時，直指伴侶來自父母離婚的原生環境。當然，我並不是否認童年的各種創傷對人們來說不重要，而是**人生是必須跨越的**。當我們找出那些「可能讓自己跌倒的理由」，是**為了讓自己不要跌倒，而不是為了讓自己跌倒得理所當然**。

李文斯頓醫師在這篇內容中提醒，「我們要對自己身上發生的大部分事情負責任。」是的，當你已經三十、四十甚至五十歲時，該為你負責的不是你失能的父母、不是你小時管教不良的師長、不是不當對待你的隔壁鄰居，而是你自己。

有時無法讓自己快樂的理由，正是因為我們忽略**「自己的積極行動」**，**就是拯救自我脫離不滿、悲傷的關鍵**；反而讓那些不重要的人事物，占據我們過多時間和注意力。

〈每段關係，都操控在最不在乎的人手上〉這篇同樣精闢，無論職場、友情或是愛情，許多人在一段關係裡受挫之後，會想尋求「起死回生」的妙藥，卻忘了：一段關係必須兩個人才能經營，但通常一個人想結束，這一切就結束了。

李文斯頓醫師，無疑是個遭遇過各種挫敗的樂觀者。我對書中一段印象深刻，他指出所有的挫敗乃至疾病，其實都有其「好」（讓人獲益）的部分，因此有時他會在和病人談論病情時，詢問對方：「這些不好的事情，讓你獲得了哪些好處？」這不只是讓人在低潮時進行正向思考，也是對不斷自我沉溺在悲劇漩渦裡的人，省思自我是否也參與了把自己向下推的過程。

不管自認成功或失敗，生命終會有結束的一日，在最後一秒來臨之前，你不會知道原來已經沒有明天。不要老等著退休之後才去做、不要給那些其實不怎麼重要的人事物太多阻擋自己的權力，**勇敢為自己負責**。也鼓勵所愛的人為他們自己的人生盤算，真正的愛，是鼓勵對方精采地過上一段人生，而不是彼此牽制，遺憾一生。

—推薦序—

世界不缺幻象，缺的是戳破幻象的人

柚子甜—作家、心靈工作者

這本《青春走得太快，領悟來得太慢》，在我閱讀頭幾章就決定要推薦了。唯一煩惱的是，精采的地方太多了，該挑哪個部分推薦才好？

這個時代，要保持清醒比過去任何時候都難。選擇太多，逃避的岔路太多，當無常降臨、愛情破敗、家庭失和、工作卡關、年華老去，驚慌失措的你我該如何是好？噢，不想面對現實沒關係，多的是廉價成癮可供選擇：電玩、臉書、逃避承諾的情愛、庸俗的娛樂，以及潮起潮落、不知道下回輪到什麼名堂的小確幸。

而這世道最受歡迎的，自然就是販賣幻象、販賣自我感覺良好。

先讓你不喜歡自己，然後再告訴你，只要買我們的東西，穿搭我們制定的流行，服膺我們的價值觀，世界就會喜歡你。你要付出的不是覺察與改變，而是錢、錢、錢。

先讓你不接受現況，然後再告訴你，只要照我們的方法，輕輕鬆鬆，十四天內就能讓肌膚回春、前任回頭、高薪又有熱情的工作輕鬆到手。你要付出的不是思索與時間，而是足夠的盲目，當然還有更多的錢。

當逃避成為舉國狂歡，幻象成為遇到問題的第一首選，現代人的靈魂外層，都包裹著巨大、黏膩而厚重的泡泡，人人掙扎浮沉而趨近溺斃，卻願長醉不願醒。然而如果有哪一刻，誰膽敢挺胸上前選擇真實，作者超過三十餘年的行醫智慧就像一根針，仁慈而鋒利地，戳破我們耽溺一生的幻象。

閱讀書稿的時候，每隔幾行我就想要用力畫重點，甚至不忍翻下一頁，只想反覆流連在幾行字字珠璣的犀利裡，希望自己也能**多被戳醒幾次**。身為心靈工作者，平常也需要分析案主的內在盲點，深知要穿透層層偽裝，找到問題的核心有多麼不容易，而且多麼地，嗯，不討喜。

舉個最熟悉的例子。我在做感情諮詢時，也很容易遇到那種「悲劇英雄」式的苦情女——即使對方傷透了我，但我依然無怨無悔地體貼他、愛他、犧牲奉獻。內容分明是在抱怨，然而當對方訴說這段血淚史時，卻有一道沾沾自喜的聖女光芒，從自尊被摧殘殆盡的眼神裡，忽明忽滅地閃爍。而那樣的光芒，又恰巧能讓當事人顧影自憐，更加離不開受虐的環境。

但是無論多麼溫柔委婉地指出真相，都很容易造成當事人的反彈——對方寧可我哄著她說，親愛的，妳很好，是他不懂得珍惜。又或是希望我告訴她，對方還是愛妳的，只差沒要我拿出一瓶「愛情魔法油」，回去擦在額頭和胸口，七天內關係立即修復，勾勾手和好如初。

人們多半想被販賣自我感覺良好，而非清醒。

如果覺得戳破幻象很殘酷，那我們來看看同樣的故事，作者是怎麼說的。「這樣的人彷彿是在昭告天下，一個人無止盡的奉獻，可以讓別人眼中那毫無魅力的被虐狂，變得比較高貴似的。」

我為作者捏把冷汗，又為他鼓掌叫好。

世界從不缺幻象，缺的是膽敢戳破的人——而那個人就是戈登·李文斯頓醫師。

推薦序

你的「幸福人生」長什麼樣子？

凱若｜HomeCEO 創辦人、暢銷書作家

在幾個月前的回台演講裡，我用了八個字，定義我認為的幸福人生：**有夢可做，有人可愛**。這也是經歷過許多高低起伏後的體悟。當下有什麼，就好好把握，好好去愛！

我過去那「創業與育兒並行」的十五年人生，看起來或許就是很多人眼中的「人生勝利組」：好的學歷、成功的事業、自在的生活模式，還有一雙漂亮的兒女，與感情融洽的婚姻。但事實上，這十多年我也走過事業與家庭上的顛簸、商業上的背叛與傷害、移居異鄉開始新家庭、丈夫罹癌又康復等並不舒服的人生歷程。

過去我一直認為，人生就像一齣戲，由我們自己來寫劇本，我當然要將這齣戲演得

精采又豐富！但如今四十二歲的我，坐在四歲兒子幼稚園外的咖啡廳讀書寫稿，心裡卻很清楚知道：**人生根本沒什麼劇本或地圖！**就算你認為有，最終多半塗塗改改成另一個你完全沒想像過的模樣。

這並不是悲觀與負面，只是**誠實**。我們能控制的事非常有限，就連「平安健康」這四個字都由不得自己；但同時，我們仍舊擁有「選擇」的權力。我們能體會此刻的感受，做出下一步的行動，決定自己該如何面對那些無法控制的事。人們普遍誤以為那些遇上人生重大事件，例如失怙喪子、身患絕症的人，肯定對人生有著不同的、更有智慧的體悟；事實上，遭遇同樣變故的人，就算身處同一個家庭，都極可能有著完全相反的反應與行為。這就是——**選擇**。

作者李文斯頓醫師遇上了我完全不想遭遇的事，他失去了自己的孩子。而且，還不只一次。我無法想像、更別說體會他的痛苦，我的辛苦在他面前顯得多麼地微不足道。然而，他的文字間沒有尖銳的咆哮，也沒有世界大同的粉飾，只有「誠實」。身為精神科醫師的他，並不嘗試「療癒」任何人，只是平鋪直敘地說出人生的真相，有時誠實到讓人難受，但也無法否認他所點出的事實。

我特別喜歡他談到「大多數的童年創傷，已經過了『追訴時效』」，直接到讓人落淚。太多人總想要理清楚「為什麼成為今日的自己」，嘗試將過往與現今的「我」做很多連結，甚至花了大把的銀子、時間，只為了「歸因」自己究竟怎麼了。事實上，過去的早已過去，無論是想追訴父母所給予的心靈創傷，或者哪份關係所帶來的餘毒，最終都仍是「申告無效！」**我們終究得自己選擇一個態度，繼續過日子**。

很驚喜地發現，戈登對於幸福人生的定義，竟然與我相同。我們不需要去幻想未來，更別將美好人生寄望在理清楚所有的過去，**「決定現在」才能體會與獲得快樂**。當我逐漸放棄「控制人生」的欲望後，更能向前一步，體悟與珍惜圍繞在身邊的美好。並且感激地用僅有的時間精力，回饋宇宙所賜予的一切，好好愛人，勇敢追夢。

青春，總是走得太快，而我們呢？常常落拍、跟不上呢！

推薦序

快樂就來自——你的人生選擇權

陳嬿伊／精神科醫師

不知從何時開始，從熙攘的台北街頭、擁擠的捷運車廂中放眼望去，人們總是神色匆匆、看著手機，似乎有什麼急迫的事情要立刻處理。但事實上多半只是瀏覽網頁，看社群網站、通訊軟體，或是玩遊戲。

近年來，3C產品的發達造就了E世代的來臨，資訊爆炸的衝擊，導致我們愈來愈仰賴網路與手機。不知不覺中，手機占據了生活，我們關注愈來愈多的資訊、八卦或是政治新聞。相較之下，心靈卻愈來愈空虛，自我省思的時間變少了，對於人生感到茫然不安……。

市面上為因應廣大空虛的心靈，勵志故事與自我成長等書籍變得暢銷、受歡迎。而勵志書的作者背景非常廣泛，可能是素人分享創傷後復原的心路歷程、異軍突起的網紅談論人生特殊經驗與觀點，或是心理專家分析人際關係或是感情問題。

讓人眼花撩亂的心理書籍中，我特別感興趣的，是跟我同樣身為精神科醫師所撰寫的勵志書。因為，對於一個精神科醫師而言，他會聽到許多不同的人生故事；若是專業用心的精神科醫師，在聆聽故事的當下，除了對患者有專業合適的診療之外，對於人生也會有不同的啟發。

《青春走得太快，領悟來得太慢》作者戈登・李文斯頓，就是一位令人欽佩的精神科醫師。看完這本書，我不僅感受到作者身為精神科醫師應具備的專業，更看見許多**人性光芒的表露與深入的心靈指引**。

作者本身經歷了連續的喪子之痛、越戰，與後來得知自己是養子身分的心路歷程。可以想像他曾經多麼脆弱，又如何讓自己堅強地走下去。跟著書中描述的人生經歷與他的所見所聞，我常與他一同深陷其中的苦惱，後來又隨之感受到撥雲見日的轉變。

這本書在自我成長與人際關係上，提出了很多精采深刻的觀點，像是：

我們並不是我們想的或說的東西，我們是由行動所定義；最糟糕的謊言，當然就是用來欺騙自己的；要改變我們的行為，必須先想辦法辨識出自己的情緒需求；想要擺脫無力控制負面情緒的無助感，只有克服恐懼和沮喪的決心，才是真正有效的態度；不願冒任何風險才是最大的風險；那些我們引以為傲的特質，可能正是我們失敗的原因……。

書中有太多深入刻畫人心的論述，值得讀者們一探究竟。此外像是如何找尋合適的伴侶，感情問題、親子關係、面對老年的適應等不同的人生議題，作者同樣提出不錯的見解，供我們參考與省思。

其中讓我印象最深刻的觀點是：作者認為面對困難與挫折，人們總是習慣逃避。這種逃避可能是潛意識，無法從表面得知。只有藉由自我省思，提升自我覺察，勇於面對問題與對自己負責，才能突破困境，活出自己想要的人生。

閱讀這本書時，常常讓我想起診間的某些病患，或是曾經歷過類似問題的親友們。有些人經歷過苦難後，讓自己脫胎換骨變成更堅強、更懂得生活的人；而有些人卻過不了自己那一關，卡在過去的困擾或是創傷裡，遲遲無法面對自己與未來的人生。

我常跟患者說，藥物能解決的都是最簡單的問題。藥物以外，需要靠自己克服與心理調適的問題，才是最困難的部分。醫師與治療師的角色只是協助，真正能讓自己好起來的，只有你自己。對照到作者強調的重點，**人生選擇權是掌握在自己的手上，當我們行使的選擇愈多，就愈可能得到快樂**。

真心推薦讀者們這本專業的「人生智慧指引」，希望大家可以找到屬於自己的人生地圖。

推薦序

三十個對號入座的邀請

蘇益賢｜臨床心理師、
臉書粉絲專頁「心理師想跟你說」共同創辦人

對民眾來說，心理諮商、心理治療還是個有點神祕的概念。到底，治療室裡面發生了什麼事情？治療師會說些什麼話呢？還是像「全知者」一樣，掐指一算，鐵口直斷地給出一個建議嗎？如果諮商無法得到某些答案或建議，那它為什麼可以幫助我們呢？

《青春走得太快，領悟來得太慢》這本書，正是個一窺心理諮商神祕面紗的好機會。在閱讀這三十篇短文的過程，彷彿看見了三十個（甚至是更多人）的生命困境。以及在面對這些困境時，身為助人者的戈登．李文斯頓醫師，如何以他的知識與自身的生命經驗，細細咀嚼許多案主在不同時空、說出口的類似話語，並從中敏銳地帶出許多「改變與不變」、「接納與面對」的可能性。

說穿了，諮商並不是一個用來給予「建議」的歷程。畢竟，**唯有自己可以替自己的人生負責**。真要說，諮商比較像是一種「催化」的過程，讓原本需要一段時間才能長出來的什麼（好比頓悟或啟發），可以因為一段真誠、溫暖、一致且信任的關係，被加速地孕育出來。

這也是本書讀起來並不如你所想這麼「暖心」，有時甚至讓人覺得「好了、好了，你先別說了！我還沒準備好」的原因。在諮商室裡，出現的情緒不總是歡樂而舒服的。更多時候，我們**勇敢卻坦然地哭著**。雖看似難堪，但這種**發自內心的誠實，卻是未來我們面對其他難題時，可以變得勇敢的原因**。

面對人生許多反覆出現的困擾，很多時候，我們其實自己心知肚明些什麼。只是，也許還沒準備好面對吧！不過，當個案願意前來諮商時，就意味著他開始試著想面對了。或許，正如當下閱讀本文、拾起本書的你，也正尋覓著一些方法，來鼓勵自己勇敢面對某個逃避已久的人事物。

三十篇文章讀下來，你會發現，這些文章怎麼有時好像是針對自己而寫的。人生難題有上千萬種，但當我們透過一些架構與工具抽絲剝繭後會發現，常見的核心議題不外乎是那幾個。只是許多時候，我們停留在問題表層打轉，而欠缺一個深入問題核心的切入點。而我相信，不管是接受諮商，又或者自己透過閱讀、電影、藝術、宗教，或走入大自然一會兒，都是一種尋找切入點的有效方法。

在《青春走得太快，領悟來得太慢》裡，作者用心準備了三十個切入點，歡迎讀者**帶著自己的人生故事，對號入座**。從中尋找一些對自己有幫助的「當頭棒喝」。若遇到一些沒什麼感覺的切入點，那也無妨，不用急著逼自己「找到一些什麼」。也許是時機未到，又或者是我們的內心還沒準備好理解這些，請耐心地給自己一點時間。

亦或是，隨意翻閱本書之後，就放下書本去過日子吧！假以時日，當你想找人說些什麼、聊聊近況的時候，再從架上拿下這本書。重新讀起某些熟悉卻不再一如往常的篇章，我們或許又能從中再找到一些過去沒發現的啟發。

目錄

前言

人生充滿變數，這是我們唯一能做的事

文／**伊麗莎白・愛德華茲**（Elizabeth Edwards，知名律師）

過去八年來，戈登・李文斯頓博士成為我生命中一個非常重要的人，雖然我只見過他一次。

我們都不年輕了，卻受益於年輕人的溝通模式：透過網路上一個痛失孩子的家長社群中認識。當時我的孩子剛過世，那段時間他和其他家長正是我最需要的援手。他們理解我們正墜入什麼樣的深淵，努力試著——雖然有時候是無心使出全力——抓住一點什麼，來讓自己停止墜落。

沒有言語能夠形容在那段日子裡，戈登沉穩言辭對我的意義有多大。戈登經歷過這樣的痛楚兩次，就連對於我們這些落入深淵中的人來說，這也是難以接受的事實。

我很幸運，竟然能夠抓住戈登・李文斯頓，以及他的直言不諱與同理接納。雖然他的話語很實在，卻不會淪為說教或批判：他照亮了我的所在之地，好讓我看清自己以及周遭的世界。接著，他舉起光源讓我看到，想要恢復有生氣的人生，我需要什麼樣的立足之地。

這些年來，我對戈登的認識是，無論我們面臨怎麼樣的墜落，是落入共同經歷過的痛苦深淵，還是像愛麗絲夢遊仙境那般——「一下子太小，一下子太大，沒有一件事是原本該有的模樣」的兔子洞裡，戈登細膩敏銳的話語所表達出的智慧，甚至超越他那超乎尋常的人生經歷所能提供的。

書裡的諸篇文章將為每位讀者開啟一扇窗，而過去八年，我極其幸運地就坐在這扇窗邊。

這是一本每當我們需要體貼又思慮周延的聲音時，隨時可以拿起的書。就像我經常打開桌面上那個名為「戈登」的資料夾一樣，那裡面收集了他的電子郵件和貼文。當我需要時，就重溫那個堅忍可靠、充滿希望的「聲音」，然而他不會提供任何保證。因為他知道，如同任何人都可能早已發現：**人生充滿變數，我們唯一能希望自己做到的，就是順著這個顛簸的旅途前進**。

有一次他寫信告訴我：「我只知道自己的感覺，以及自己的希望。」這就是戈登慣有的輕描淡寫，他似乎也知道我的感覺和希望，還有你的感覺與希望，以及當中哪些感覺是真實的、哪些希望是可以達成的。

曾是飛行員的戈登繼續說道：「我希望當空速表上的速度達到六十時，我可以把操控桿往後拉，然後這東西就會起飛。我曾請人為我解釋這個物理現象不下上百次，白努利（Daniel Bernoulli）偶然地發現這個正確的定理（編按：一七三八年提出流體力學的白努利定律），但它看起來還是像個奇蹟。」這些話聽起來很真實，因為戈登雖然經驗豐富，但他仍然保有初學者的純真信念。

我在讀他的文章時，想起了一部幫助自我提升的電視劇，預告裡有這樣的內容：「你的朋友不會告訴你……但我們不是你的朋友，所以我們會告訴你。」不過，或許這才是真正朋友會做的事：說出那些我們必須知道的逆耳忠言，如果我們想要變得更堅強、更好、更寬容、更勇敢、更善良的話。

戈登的話有時會令人感覺刺耳、不太舒服。當你以為可以窩在椅子上看著電視，直到熄燈為止，他卻會將你從那張舒適的椅子上拉起來。當然，那是為了你著想。同時，**他在警告著，我們能控制的事情有限；也提醒著，我們從未被剝奪選擇的權力**。他就像個睿智的家長，溫柔而堅定地將我們推向正確的方向。

戈登和我來自不一樣的世界，對很多事物都有不同的觀點。無論我們看法相同，還是有不同意見（甚至連書中某些文章上的看法也是），我都很欣賞他能以令人信服的方式表達自己的看法，又不會帶著當今大部分對話中特有的敵意和粗野。而且，當我們意見相左時，他總能為自己的觀點做出最佳辯護，這是唯一令我相當懊惱的事。

我非常高興有機會為這本書寫序言，向還不認識他的讀者，介紹戈登・李文斯頓的優雅及善意。更重要的是，我很感激能有機會向戈登複述他兒子盧卡斯（Lucas）說過的話。

戈登曾經捐贈骨髓給盧卡斯，然而他們父子應得的醫療奇蹟卻沒有發生，六歲的盧卡斯在臨終前說：「我好喜歡你的聲音。」

本文作者伊麗莎白・愛德華茲是一位事業有成的律師，也是熱情的兒童議題的倡導者。積極參與許多慈善團體活動，包括美國「出生缺陷基金會」（March of Dimes）、北卡羅來納大學監事會（University of North Carolina Board of Visitors）、給孩子們的書（Books for Kids）、以及韋德・愛德華茲基金會（Wade Edwards Foundation）。

她與約翰・愛德華茲（John Edwards，前美國參議員）育有四名子女：韋德（於一九九六年過世）、凱特（Cate）、愛瑪克萊兒（Emma Claire）和傑克（Jack）。

01

如果地圖與實地不符，那麼地圖就是錯的

過去這些年，我一直在聽人生出現了各種差錯的故事。
我發現在人生道路上，
我們總是努力讓腦中的地圖和腳下走的路相吻合。

年輕時，我曾在八十二空降師（82nd Airborne Division）擔任中尉。有一次，我在北卡羅來納州布拉格堡（Fort Bragg）的野外查看方位。當我站在那裡研究地圖時，那一排的中士恰好是位老兵，輔佐過許多年輕軍官。

他朝我走來問道：「中尉，你找到我們的位置了嗎？」

我回答：「噢，地圖上說那裡應該有座小山，可是我沒有看到。」

「報告長官，」他說：「如果地圖與實地不符，那麼地圖就是錯的。」就算是當時的我，也知道自己聽見了一個深刻的

真理。

過去這些年來，我一直在聽別人的故事，尤其是人生出現了各種差錯的故事。我發現在人生的道路上，**我們總是努力讓腦中的地圖和腳下走的路相吻合**。在理想狀況下，這個過程會隨著我們的成長而發生。父母常常以自己的人生為借鏡，教導孩子他們學到的教訓，可惜的是，我們很少全盤接受。最常出現的狀況是，父母的生活讓我們覺得：他們並沒有什麼有用的經驗。因此，許多人大部分的所知，都是透過錯誤與嘗試而來，而這學習過程經常都是痛苦的。

◑ ◑

若想指出每個人都能從中得到一些指引的重大人生目標，不妨看看我們如何選擇（與維持）伴侶這件事。

根據統計，超過一半的婚姻都以離婚收場。這個事實告訴我們，一般而言，人們普遍在這個人生功課上表現得不太好。當我們看到父母的婚姻關係時，通常很難覺得安心。我發現，很少有人會對原生家庭的關係感到滿意，就算他們父母的婚姻已經維持了幾十年。他們常形容雙親生活非常無趣或充滿衝突，這樣的婚姻生活雖符合經濟原則，卻缺少了激情或情感上的滿足。

想要預測一個人五年後是什麼模樣（或是我們還有多喜歡這個人），都不太可能了，更遑論五十年後會發生什麼事。然而我們必須承認，社會正轉變為某種「連續型一夫一妻制」（serial monogamy，編按：個人終其一生有好幾個伴侶，但同一時間只會有一名）。這說明了人都會改變，期待年輕時的愛情可以天長地久，根本是過度天真的想法。

可是問題在於，連續型一夫一妻制並不是適合養育子女的關係模式。因為，孩子剛開始建構這個世界運作方式的地圖，需要穩定性與安全感，而這種模式無法提供。

那麼，我們到底需要知道什麼，才能判斷這個人是否適合作為廝守終生的人選呢？也許有個檢驗方法——**學習判斷什麼樣的人顯然「不適合」**。而要做出這樣的判斷，必須先對人格特質有所了解。

我們在思考人格特質時，總是習慣用最膚淺的方式。像是形容某個人很有魅力或很有趣，就會說「他很有個性」。事實上，人格特質的正式定義中，包含了：一個人的思考、感覺，以及和他人相處的習慣模式。

大部分人都知道，每個人的個性都不相同，比如有人天性內向、有人講究細節、有人善於忍受無聊、有人特別樂意助人、還有的人具有恆心毅力等不同的人格特質。然而多數人不了解的是，那些我們珍惜的特質，像是仁慈、寬容、信守承諾等，都不是隨機出現的，它們往往具有「群聚的習性」，很容易辨識，而且長期的表現相當穩定。

相同地，那些比較不討人喜歡的特質，好比衝動、自我中心、急躁易怒等，經常也是以明顯的方式結夥出現。我們在發展與維持關係時，遇到的大部分難題，都來自於人們沒辦法分辨，無論是自己還是他人身上是否有這些人格特質，而成為無法長相廝守的理想對象。

◑　◑

精神醫學界費了相當大的工夫，替這些人格障礙（personality disorders）分類。我一直覺得診斷手冊中，應該把這個章節標題命名為「應該避開的人類」。

當中收錄的許多名稱，包括戲劇型（歇斯底里型）人格障礙、自戀型人格障礙、依賴型人格障礙、邊緣型人格障礙等，就組成了一系列令人不舒服的個性：多疑、自私、讓人難以捉摸、剝削他人等，正是你的母親時時警告你要避開的人（不幸的是，有時候那個人就是她）。

這類人很少會以統計手冊中標示的明顯狀態存在，但是**學習如何分辨出他們，就能免去許多心碎的經驗**。

我認為還有一個同樣有用的方法，就是一份「美好人格特質」簡介，描述自己應該培養的美德，以及要尋找什麼樣特質的朋友和戀愛對象。這份清單的第一項是仁慈，也就是願意為他人奉獻自己。這項最令人嚮往的美德，掌管了其他所有特質，包括同理心與愛人的能力。它就如同其他型式的藝術一樣，我們可能很難定義它，但是一旦遇到了，就會感覺得到。

這就是我們很希望在自己腦中建構的地圖：一份可靠的指引，讓我們避開那些不值得花時間相處和付出信任的人，然後擁抱那些值得的對象。

要分辨那張隨時在試驗的「人生地圖」是否出了錯，有一個判斷方式——注意我們是否有悲傷、憤怒、背叛、意外和迷惑的感覺。當這些感覺浮現時，就得好好思考自己內心的導航指引，以及想辦法導正它。這樣一來，我們才不會落入重蹈覆轍的模式中，白白浪費了自己從痛苦經驗中學到的心得。

02

幸福的謊言？行動，才能成就我們

我們總是在說自己想要什麼、打算做什麼，
然而這些都是希望和夢想，對改善情緒沒有什麼幫助。
我們，是由行動所定義的。

人們經常來找我尋求藥物治療，他們多半受夠了悲傷的情緒、長期的疲憊不堪，和對以前引以為樂的事情失去興趣。他們要不是無法入睡，就是一直昏睡；要不是毫無食慾，就是暴飲暴食。不僅暴躁易怒、記憶力變差，通常還希望自己死了算了，想不起來快樂是什麼感覺。

我傾聽他們的故事，當然每個故事都不一樣，但是有一些經常重複出現的主題：他們的家人同樣過著頹喪的生活；現在的感情關係不是充滿衝突，就是處於「低溫」狀態，欠缺熱情與親密。抱怨生活一成不變：不滿意的工作、沒有幾個朋友、除了無聊還是無聊，他們感受不到別人享受的樂趣。

我會這樣告訴他們：

先說好消息，我們確實有對改善憂鬱症狀很有效的藥物；而壞消息是，藥物並不會讓你快樂。

快樂並不是消除絕望就能擁有的東西，而是當我們的人生過得有意義又愉悅時，才會出現的肯定狀態。

所以，很少人光靠藥物就能變快樂，他們仍須帶著想要改變的態度，去檢視自己的生活方式。我們總是在說自己想要什麼、打算做什麼，然而這些都是希望和夢想，對改善情緒沒有什麼幫助。並不是我們怎麼想、怎麼說，或者有怎樣的感覺，就能成為那樣的人。**我們，是由行動所定義的**。

同樣地，我們在判斷其他人時，要注意的不是他們給的承諾，而是他們的實際作為。遵循這個簡單的原則，可以避免許多影響人際關係的痛苦和誤會。「終究，人總是說得多、做得少。」**我們都被言語給淹沒了，而當中大部分都只是我們告訴自己或他人的謊言**。

我們到底要被別人的言行不一給背叛或驚嚇多少次，才能學會更注意他們的行動，而不是只聽他們說的話呢？人生中大部分的悲傷心碎，都來自於忽略了一個事實：**過去的作為，是預測未來行為的最佳指標**。

◑　◑

導演伍迪．艾倫（Woody Allen）說過一句相當有名的話：「八〇%的人生都是在出席。」我們在許多小事情上展現自己的勇氣，比如盡到義務，或是稍微嘗試一些可能改善生活的新事物。而大部分的人都害怕冒險，寧願選擇溫和的、可預測的、重複的事情，這也說明了為什麼強烈的無聊感，會成為我們這個時代的特徵。

我們發狂似地想要克服這種無聊倦怠，因而渴望娛樂和刺激，到了最後，才發現這些刺激根本毫無意義。壓在我們身上最沉重的擔子，就是想要回答這些「為什麼」：我們為什麼要活著？為什麼選擇這樣的人生？為什麼要努力？

而最令人絕望的答案，就出現在汽車保險桿上常見的貼紙中：「隨便啦！」一般來說，我們得到的答案都不是自己應得的，而是內心所期待的結果。如果你去問成功的棒球打擊手，他認為自己上場後會發生什麼樣的事，你會得到類似這樣的回答：「我會把他們打得落花流水！」

假如你提醒他，棒球界中最佳的打擊手們，每三次出場打擊，也總有兩次會被判出局。這時任何一個好的球員都會說：「沒錯，但這次輪到我上場了。」

快樂的三個要素：有可以做的事、可以愛的人，和可以盼望的未來。仔細想想，如果我們擁有一份有意義的工作、一段穩定的關係，還有得到幸福愉悅的承諾，想不快樂也難。

我用「工作」一詞來涵蓋所有帶給個人成就感的活動，無論它有沒有薪酬。如果有什麼活動很吸引人，可以為生活增添意義，那就算是一種「工作」。人們可以在高爾夫球場或橋牌桌上的平庸活動中，找到樂趣與意義，證明了人類生活的多樣性。想想，如果每個人都喜歡同樣的事情，會造成多少交通問題。

◑ ◑

許多人都預設立場，認為定義「愛」是很困難的，因為這種感覺本身的基礎就很神祕（為什麼我愛這個人而不愛另一個人呢？）所以，我們假定言語無法完整地說明「愛一個人」是什麼意思。

那麼，這個定義如何呢？**當我們把一個人的需求和欲望，看得跟自己的一樣重要時，就表示我們愛這個人**。當然，在用情至深時，我們對他人的關心會超越自己，或至少相當於自己需求的關心程度。

為了幫助人們判斷自己是否真的愛一個人，我常使用這個問題：「你願意為這個人擋子彈嗎？」這似乎是很極端的標準，因為很少有人需要做出這樣的犧牲，而且也沒有人敢肯定，當自衛本能與對他人的愛起衝突時，自己到底會怎麼做。不過，只要想像一下這個情境，就能弄清楚我們對這份情感的本質。

我們會願意犧牲生命去拯救的人其實很少：救我們的孩子，這是必然的；那救我們的配偶或其他「心愛的人」呢？或許吧。但如果我們連想都沒有這樣想過，又怎麼能假裝自己是愛他們的呢？通常，我們對一個人到底有沒有愛，從各種世俗的方式就能看出端倪，最明顯的，就是我們願意撥給這個人多少時間與相關的質量。

重點是，**愛要用行動來展現**。我們要證明自己是什麼樣的人、在乎誰或關心什麼事物，也不是靠口頭承諾就好，而是憑藉我們做的事。在諮商時，我不斷地把人們的注意力重新導到這個方向。我們是口語的動物，經常使用言語去辯解及欺騙。而**最糟糕的謊言，當然就是用來欺騙自己的**。

我們選擇相信什麼，都跟內心深處的需求密切相關。比如說，我們每個人心裡對完美愛情的憧憬——那種全然的接納，其實只存在於好母親的身上。然而這種憧憬會讓人沉迷於一種盼望中，以為自己終會找到那個對的人，對方會永遠愛著我們真實的模樣。但這其實是最糟糕的自我欺騙與幻想，非常容易使我們受傷。

因此，當有個人聲稱自己願意這麼做，說出我們長久以來渴望聽到的話語時，難怪我們會選擇忽視對方的言行不一，睜一隻眼閉一隻眼。

當我聽到某個人說：「他做的事情很不體貼，但我知道他是愛我的。」我通常會反問對方，我們可能刻意去傷害自己愛的人嗎？我們會這樣對待自己嗎？我們能愛上那輛輾過自己的卡車嗎？

真愛對我們的另一個要求，就是在對方面前勇敢地顯露全部的自我。這麼做的風險顯而易見，誰不曾誤判一個人，在毫無保留地信任對方後，卻被撕裂真心呢？這些傷痕，導致人們在關係中充滿了對愛的譏諷態度，並製造出許多相互競爭的遊戲，讓我們在努力信任彼此的同時，卻受盡挫折。

人常常在孤單寂寞和自我欺騙之間擺盪，而獲得幸福的最大機會，就落在這兩個極端之間的某處。到最後，我們有權得到的，其實就等於我們準備付出的。這就是為什麼俗話說得沒錯，每個人都會得到自己應得的婚配對象，而我們對他人多數的不滿，往往是在反映自身的不足。

03

我們想要的愛是什麼？尊重、傾聽……別假裝自己不用改變

人經常執著於自己的特定觀點，認定事情應該這麼做，
而忽略所有證據都顯示他們必須改變。

在我的經驗中，許多心理治療師常常浪費太多時間在說服人們停止那些不合理的、不該出現的、看起來「不合邏輯」的行為。

比方說，有個男人下班剛回到家，開口的第一句話就是：「家裡也太亂了吧！」他的小孩立刻鳥獸散，而他的太太也才剛下班把小孩從托兒所接回家，聽到這句話就生氣了。那一夜，就被一個壞的開始給毀了。

聽完這個故事，治療師就會指出，在漫長辛苦的一天過後批評疲倦的太太，是非常糟糕的行為。所有人都會同意這個觀

察非常正確，但是並不會因此改變先生的行為，頂多只會轉移去批評別的事物而已。兩個人依然對彼此很不滿意，衝突也將持續下去。

所以，問題出在哪裡呢？為什麼人們似乎無法理解批評會導致憤怒和不快？當然，這個問題並沒有單一答案。但用邏輯判斷來對付根深柢固、習慣性的感覺和態度，通常難有成效。這是因為我們做的事、固有的偏見，以及讓生活充滿痛苦的重複性衝突，幾乎都**不是**理性思維的產物。

事實上，**大多數時候，我們都是以「自動駕駛」的方式在這個世界裡運行，昨天行不通的事情，今天依然照做不誤**。一般人可能認為，透過學習或心智成熟的過程，會使得我們根據不愉快的經驗而改變行為，但任何人只要看過平庸的高爾夫球選手打球就會知道，事實並非如此。

其實有的時候，我們好像是被困在無效的生活模式中，不斷實踐那句古老的軍隊格言：「如果一次行不通，那就做兩次。」我們大部分行為背後的動機和習慣模式，很少是理性的，反倒比較常受到衝動、先入為主的觀念和情緒驅使，但自己卻很難意識到。

在先前的例子中，下班回家的那個男人，可能是因為工作表現差強人意或長途通勤，而產生不滿的情緒。他渴望對那令人發狂的混亂生活，能有一定程度的控制。於是帶著回到避風港的盼望走進家門，卻只面對更多的責任和失序混亂。這不是他想像中的生活，那麼誰該負責任呢？

假如我們大部分的行為都是受到感覺驅使（無論這些情緒有多麼不明顯），這就表示：**要改變我們的行為，必須先想辦法辨識出自己的情緒需求**，找出滿足這些需求的方法，同時不要冒犯到與我們的快樂息息相關的人。

如果我們希望，而當然大多數的人都會希望，別人以和善寬容的態度對待自己，那麼就必須先培養我們和善寬容的特質。每當我與失和的夫妻談話時，都會很驚訝地發現，他們期望的東西竟然如此相似：想被尊重、被傾聽、想感覺他們是對方生活的中心。在情感關係裡，我們想要的不就是這些嗎？當人們談到「愛」的時候，他們指的其實就是這些。

俗話說，要怎麼收穫先那麼栽；種瓜得瓜、種豆得豆。這些雖然都是陳腔濫調，然而還有什麼比這更真實的呢？但是為什麼執行起來這麼困難？就像要解釋一個人現在為什麼會做出某件事一樣，答案就在過去的經驗中。

小的時候，我們有權利得到父母無條件的愛，但是前來找我諮商的人當中，很少有人感覺自己得到了這種愛。相對地，他們的童年記憶反而是充斥著一種沒有明說的責任，「我要讓父母引以為傲」——在學校要表現傑出、不要惹麻煩、找個適合的結婚對象、讓父母抱孫子……這些都是父母灌輸給孩子的責任感。只要接受父母的生養之恩，就好像欠下某種債，只能透過符合他們的期待來回報。

當父母的當然有許多重擔，從生產過程的痛楚開始，嬰兒時期沒辦法好好睡覺、無止盡地接送小孩參加各種活動、面對青春期叛逆的壓力、存錢讓孩子去上大學……養育孩子的每個階段都意味著某種程度的犧牲，經常引來父母抱怨。理所當然地，做孩子的多少都會覺得自己有義務回報他們。

「我欠了父母多少呢？」直到孩子長大成人，這個問題仍不時扭曲他們的生活，有時甚至跟著他們一輩子。**事實上，孩子什麼也沒欠我們**。把他們帶到這個世界上，是我們自己的決定。我們愛他、提供他生活所需，這本是為人父母的責任，不是什麼無私的行徑。打從一開始我們就知道，孩子長大後就會離開我們，而父母絕對有義務幫助他們沒有負擔地離去，不需要背負著永無止盡的感恩或虧欠感。

健康的家庭很能接受孩子單飛，而不健康的家庭則會想要抓住他們。當我看到一些家庭，孩子成年後依然住在家裡，而且多半過得不快樂時，我都會忍不住感慨，同樣的衝突和分離焦慮將一再上演，永遠沒有解決的一天。他們共同的幻想似乎是：「我們會持續努力，直到做對為止。」然而有的時候，這種事永遠不會發生。

我知道有些家庭是這樣的，明明已經是二十或三十幾歲的成年子女，但父母依然每天會等「小孩」回到家後才睡覺。他們對於家庭瑣事和用餐時間的爭執，反映出他們渴望回到過去，害怕一個必須獨立的將來。雙方之間有一種默契，就是不要改變這個家。年輕人放棄獨立生活的機會，藉此交換一種熟悉的、像個孩子般的存在，讓父母感到安心，知道自己不必放下為人父母的責任感，而這個責任正是他們生存的價值所在。

在這些家庭裡，每個人的角色都很熟悉又明確，就像在看一齣排練得十分熟練的戲劇。每個演員都駕輕就熟，導致他們一想到要結束這場戲、各自往前邁進，就會感到焦慮不安。

到頭來，當人們拚命想用理智克服那些不當行為時，總會面臨一個事實：**有些愚昧是無法克服的**。人經常執著於自己的特定觀點，認定事情應該這麼做，而忽略所有證據都顯示他們必須改變。

04

大多數的童年創傷，已經過了「追訴時效」

改變是生命的本質，也是所有心理諮商的目標。
因此，為了繼續前進，必須跨過單純抱怨的階段。
我們要對自己身上發生的大部分事情負責任。

我們的人生故事並沒有一個固定版本，而是經常在修正。當我們試著跟自己或別人解釋：「我」為什麼會是現在這個樣子時，因果關係之間的細節脈絡，總是會被重新編織與詮釋。每當我聆聽以往這些故事，對於人們怎麼把童年的經驗和今天的自己連結起來，總是感到非常佩服。

那麼，我們到底該如何看待自己的過往呢？

當然，過往經驗造就了我們，如果想要避免犯同樣的錯誤，不想感覺自己好像困在自導自演的歹戲拖棚中，就必須從過去學習。這就是為什麼在心理治療初期，不帶批判地聆聽患者的故事至關重要。這些記憶中隱含的不只是事件本身，還包括它們對患者的意義。

由於陳述事件的是一個焦慮、憂鬱，或對自身存在有某些不滿的人，所以我們很可能會聽到各種抱怨與創傷。這些或許和他們目前的不快樂有某些關聯。

每個美國成年人都接觸過足夠的大眾心理學，會將過去的痛苦和現在的症狀連結在一起。要為自己的行為和感受負責，需要很大的決心，所以人們自然會選擇比較容易的方式——怪罪以前身邊的人（尤其是父母），當時沒有採取比較好的做法。

如果曾發生嚴重的生理、性方面，或心理上的創傷，那麼意識到並處理這件事情，就十分重要了。沒有哪個孩子能在父母的虐待或忽視下，毫髮無傷地逃脫。重要的是，諮商人員要帶著悲憫同情之心進行檢視，但是過程中要**強調學習**，並且拒絕相信「慘痛經驗會影響一個人一輩子」的假設。

改變是生命的本質，也是所有心理諮商的目標。因此，為了繼續前進，必須跨過單純抱怨的階段。很多人會問我，這樣無止盡地聆聽患者「哀嘆」自己的人生，為什麼不會感到厭煩。

答案很明顯，因為抱怨自己有什麼感覺，或抱怨重蹈覆轍的行為導致熟悉且不快的結果，都只是治療過程的開端而已。諮商期間，我最喜歡問的問題是：「**接下來呢？**」（我還做了一個微妙的設計，把這幾個字設定成電腦螢幕保護程式上不停閃爍的文字，讓患者可以清楚看見。）

這個問題隱含了改變的意願和執行的力量。它超越了緊抓著過往創傷的自我憐憫，並且體悟到——運用目標導向的對話、深入洞察和心理治療，來確實改變患者的行為，是很重要的。

◑ ◑

在心理治療的過程中，我不太會直接給建議，這不是出於謹慎，也不是要讓患者自己想出解決方法的「小祕訣」。而是因為大部分時候，我也不是很清楚他們必須做什麼，才能讓自己變得更好。但是，在他們思索的過程中，我可以坐在那裡陪著他們。

我的工作就是督促他們去進行這項任務，並指出我認為他們的過去和現在之間有什麼連結，思索潛藏的動機，表達我對他們的能力有信心。他們一定能找出**適合自己人生的解決方法**。

心理療程期間需要某種訓練。前來諮商的人們，總是希望我能夠指出一條明智的道路，告訴他們必須做什麼。畢竟，我們去看醫生就是希望得到處方，人們都被訓練成期待得到快速的結果。感覺不舒服嗎？那就吃這種藥吧！

一想到必須坐下來，談論自己面對的問題和以前嘗試過但失敗的方法，等於在說這是個緩慢又龐大難解的過程。而且，過程核心還帶著一個令人不舒服的假設：**我們要對自己身上發生的大部分事情負責任**。

此時，心理治療師必須非常謹慎小心。每個人都承受過自己毫無選擇的事件和損失，包括了原生的家庭、孩童時期被對待的方式、面對親人的生離死別或離婚。因此，我們不難推論人生許多際遇是自己無法控制的，總會受到事件和人物的負面影響。

心理治療師如果不斷嘗試把對話重點導向**未來的選擇**，可能會讓患者覺得不公平或被批判。在諮商過程中，最重要的就是醫病之間的同盟關係，患者必須相信醫生是站在他這一邊的。

適當的心理治療，可以結合自白懺悔、重新撫育（re-parenting，再教育及培養），與顧問指導。這世上沒有適合所有患者的完美心理治療師。每個人都有各自的需求，他們遇到的治療師或醫師可能跟自己特別「合拍」，也可能合不來。除此之外，治療師也會將自己的人生經驗、個人偏見，以及對改變的哲學等帶入療程中。連結關係的嘗試往往是徒勞無功，有時甚至有害。這就跟所有人際關係一樣，難以定義或預測什麼才是有效的方法。

好的治療師或精神科醫師所具備的特質，就跟好父母一樣：具有耐心、感同身受、有能力愛人，以及不帶批判的傾聽。也就是說，如同父母對每個孩子的反應都不相同，同樣地，心理治療師亦是如此。每位治療師對某些個案的諮商效果就是比較好。

雖然不太願意承認，但我們確實更能幫助與自己相似的個案。沒幾個人願意承認這樣的狀況，但它其實很合乎邏輯。試想一下，如果到了陌生的國家，就算能說當地的語言，也無法成為有用的治療師。因為不熟悉當地的文化習俗和期待，將使我們無法發揮。所以同樣地，就算在我們熟悉的社會中，根據種族、社會階層等因素，人們的生活方式也完全不同。若認定每位治療師或精神科醫師對每個患者都能達到同樣成效，這種想法就太過傲慢了。

面對第一次來找我諮商的患者，我總在一開始要認識這個人時，先問自己一個問題：我喜不喜歡或是以後會不會喜歡這個人？

假如我對這個患者的故事感到厭倦，甚至感覺受到冒犯，我就知道是時候禮貌地建議他，或許找其他醫師幫忙效果會比較好。

舉例來說，如果個案狀況棘手、很難處理，我會有一種習得性的無助感（learned helplessness，編按：經歷了失敗和挫折後，面對問題時產生無能為力的心理狀態或行為）。如果發現只有我自己投入大量精力及正面樂觀，或是我正在失去改變對方的希望，就是喊停的時候了。

如果面對的患者，讓我不斷想起自己的父親或母親，或是曾跟我有過衝突的人，甚至是青春期拒絕過我的女孩，那麼我就知道自己已經身處險境。

最後，倘若來找我諮商的患者，似乎打算沉溺於過去，不願意規畫更好的將來，我會變得沒有耐心。只是一味地同情他，等於把仁慈用在錯的地方，就算理由正當也一樣。我真正販賣的是希望，如果在費盡苦心之後，還是沒辦法說服這個人買下希望，那麼繼續下去也只是浪費彼此的時間罷了。

05

每段關係，都操控在最不在乎的人手上

每個人用來評估伴侶的標準，都會創造出一套特定的期待，
隨著時間過去，如果這些期待一直無法被滿足，
就會導致關係破裂。

來到我面前的婚姻，多數都處於「性命垂危」的狀態。他們共同的主題是——婚姻關係變成了權力鬥爭，但事實上，其中大部分一開始便是如此。夫妻爭吵的主題不外乎就是金錢、小孩、性，但是背後的原因通常是自尊心被貶損，以及期待無法得到滿足。

我們在尋找另一半時，多半都是根據浪漫愛情的概念，想望一種人間天堂（或共同打造的幻想）。這些憧憬通常來自愛情故事，而我們認為只要這樣就能獲得幸福。男女相處並選擇交往的方式，除了性吸引力外，還會衡量對方的各種條件與成

就是否符合自己的要求，像是教育程度、收入潛力、共同興趣、是否值得信任，以及抱持怎樣的人生觀。

每個人用來評估伴侶的標準，都會創造出一套特定的期待，隨著時間過去，如果這些期待一直無法被滿足，就會導致關係破裂。

這樣公式化的論述似乎太過著重分析，而忽略了「墜入愛河」的神祕過程。那是因為在我的經驗中，在茫茫人海裡偏偏選中這個人的「化學作用」，事後回想起來，也只是剛好具備了戀愛的意願、情欲以及希望，而非兩個靈魂之間難以言喻但強而有力的結合。其實，我也非常願意相信後者，只要有更多證據證明無論時間如何流逝，它永遠不會變。

◑ ◑

在現代婚姻中，一個最不樂見、也最發人省思的發展，就是愈來愈盛行的婚前協議。以前只有富商大賈才會做這種事，現在卻變得愈來愈普遍。已經存了一筆資產又不願意和另一半分享的人，就會在準備進入婚姻之際，簽訂婚前協議。

想要保護你帶入婚姻中的一切，這個理由表面上似乎頗為合理。如果雙方又有各自的孩子，通常會想讓自己的小孩繼承財產。對大多數離過婚的人來說，他們在財務和情感上都曾付出極大的代價，也知道根據統計數字顯示，第二次（或第三次）婚姻的失敗率比第一次還要高。

儘管如此，看到準備共度一生的兩人，表現得像是在買賣二手車一樣，還是很令人沮喪。我們需要簽合約來防範不信任的人，保護自己避免被對方占便宜。可是，要求口口聲聲深愛的對象簽訂這種協議，反映出我們根本就不看好這段關係，相當於預測了婚姻的失敗。就像人們所有預期一樣，害怕的事通常都會發生。

近年來，法律已經在慢慢修改中，以「無法和解的歧見」和「無過失的離異」取代以往結束婚姻的傳統理由。需要找個藉口才能離婚的做法，常導致雙方陷入互相指責的氣氛，使得彼此都想占據道德高地、爭個輸贏。如果其中還牽涉到孩子，就更容易產生不愉快的結果。

當婚姻逐漸走向疏遠的漫漫下坡路時，雙方關係很少是同步前行的。通常會有一方表現出較為無情、不尊重對方的感覺及行為，試圖主導這段關係。如果其中一方投入較多心力挽回，而且一想到結束婚姻就覺得特別煩躁，這就代表另一方已成功掌控這段關係了。

當我向人們指出，另一半並沒有和他同樣感覺悲傷懊惱，而這就是他們覺得「失控」的主要原因。很快地，他們會看清自己的困境。**要建立一段關係，需要兩個人一起；但只要一個人想結束，這段關係就結束了。**

當我接到結婚喜帖，看著上面新人微笑的照片，我知道沒有人會告訴他們：「你們明知道白頭偕老的婚姻機率不到五〇％，那又是什麼理由，讓你們覺得自己會是成功的那一半呢？」

對於眼中閃耀著喜悅光芒的新人來說，這種問題是無法想像的，當然也沒有人會真的去問。

不過，失望和背叛的理由已經準備就緒，在你看來，你帶著極度的樂觀、勇氣或傻勁（取決於你採取的觀點），去追求希望中的未來，而那象徵未來的聖誕精靈只是沉默不語。（編按：狄更斯所著的《小氣財神》（*A Christmas Carol*，又譯「聖誕頌歌」）中，有三個聖誕精靈，分別代表過去、現在和未來。故事中的人物，在精靈引導下，悔悟以往的生活方式，決定徹底改變自己。）

06

你在等什麼？勇敢才能改變一切

想要對生活方式做出任何改變，勇氣和決心是必要條件。
而要求人們勇敢，
是希望他們用新的方式去思考自己的人生。

一般人求助心理諮商師或精神科醫師，無非想要改變自己的情緒。不論他承受的是憂鬱症那無處不在的悲傷，還是焦慮症那令人疲憊不堪的拘束，他們都想要擺脫，回到正常生活。

這些無益情緒干擾了生活中重要的活動，影響了工作執行或享受娛樂嗜好的能力。開懷大笑的本能被嚴重剝奪，生活只剩下不間斷的嚴肅，整個人失去歡樂，令他們受盡折磨。

大部分人都知道什麼對自己有益，什麼事能讓他們感覺好一點：像是運動、培養嗜好，或是和自己在乎的人相處。他們不去做這些事情，不是因為不了解這些事的價值，而是因為已經「沒有動力」去做了。他們想要等到自己好一點的時候再做，但通常——這個等待會非常漫長。

無論我們多努力嘗試，都沒有辦法控制自己的感覺和想法。我們會掙扎、對抗不想要的想法和情緒，但這些努力反而會強化它們，拚命這樣做只會帶來挫敗感。

幸好，我們從人生經驗裡學到，某些行為可以帶來意料之中的愉悅和滿足。這項認知讓我們有機會打破僵局，而這個僵局正是無所行動，和隨之而來的無意義與絕望感所導致。當人們告訴我，他們感覺毫無希望、沒有動力時，我就會告訴他們，至少他們還可以下床、穿好衣服，並開車過來見我。如果這件事他們都做到了，那麼其他讓他們感覺好一點的事情，顯然也可以做到。

如果他們說，要做自己不想做的事情很困難——事實確實如此——這個時候，我會先附和他們，接著再問：對他而言，「困難」跟「不可能」是不是一樣的意思。很快地，我們就會談到勇氣和決心這類的事。一般人很少把這些和心理治療聯想在一起，然而事實上，想要對生活方式做出任何改變，這都是必要條件。**要求人們勇敢，是希望他**

們用新的方式去思考自己的人生。

◑ ◑

可是，所有改變都需要我們去嘗試新事物，去承受可能會失敗的風險。我經常問患者的另一個問題是：「**你到底在等什麼？**」在我們努力同理與幫助這些飽受焦慮症與憂鬱症折磨的人，並且竭力洗刷這些症狀的汙名時，我們等於是將它們視為需要藥物治療的生理疾病。

的確，目前運用的抗憂鬱症藥物已經被證實效果顯著，但藥物治療的缺點是，在這個社會裡，疾病是一種可以暫時卸下責任的狀態。我們總是把這些病患當成嬰兒般呵護，有時甚至送到醫院病床上，告訴他們放輕鬆，讓藥物發揮效用就好。這其中的意思是，在毫無過失的狀況下，他們**暫時失去了人生的控制權**，因而必須改採被動角色，透過醫療科學的幫助，給自己一個痊癒的機會。在這個治療過程中，沒有人期待他們做什麼。但不幸的是，這個方法可能帶來反效果。

要看出我們怎麼會陷入這樣的困境，其實並不難。事實上，許多情緒障礙都有遺傳基礎。舉例來說，如果酗酒是家族長久以來的問題，會使身體產生災難性的變化，如果繼續喝下去，就有可能致命。

那麼，酗酒問題是否就像廣告所宣導的，跟肺炎和糖尿病一樣，在認知上同為「疾病」呢？如果是的話，期待那些失控酗酒者改變自己的行為，是合理的嗎？還是他們面對自身的疾病其實無能為力？

關於酗酒和其他成癮症的成功治療案例，在在顯示出有這些問題的人，**的確有責任**做些什麼——也就是拒絕喝酒，或使用其他物質來控制自身情況。要達到這個目的，最有效的方法是尋求團體支持，像是求助匿名戒酒協會或匿名戒毒協會的互助團體。基本上，這些組織都相信，每個成癮症者都有責任讓自己停止這些行為。這個責任不能逃避、不能找藉口搪塞，或是推到其他人身上。

與酗酒成癮者同住的人，通常會因為這種疾病模式，而面對一種困境：如果他們深愛的人正受這種疾病折磨，堅持要他戒除真的好嗎？而其他的情緒障礙也是如此，例如，躁鬱症（bipolar disorder，亦稱雙極性情緒障礙）患者飽受兩種極端情緒擺盪折磨，而這明顯是來自器質性疾病（organic illness，身體的某個器官已經產生病變）。那麼，堅持要他們依照這個疾病的治療方法，服用穩定情緒的藥物，合理嗎？還是我們只能接受，躁鬱症最常見的症狀就是判斷失誤呢？

而那些因為人格障礙而飽受折磨的人呢？他們的特徵是，有著適應不良和根深柢固的行為模式，導致容易衝動、不誠實，或是情緒不穩，這些狀況是否也算我們應該繼續縱容的「病症」，就像放縱那些無法控制自己的人一樣？

如同生理疾病，有許多行為問題都可以把責任推卸給疾病。奇妙的是，它們都以縮寫名稱為人所熟知，像是MPD（多重人格疾患）、BPD（邊緣型人格疾患）、ADD（注意力缺失症）等。

其中，最經典的就是簡稱MPD的多重人格疾患。目前在不斷演進的精神科診斷世界裡，又被稱為DID，所謂的解離性身分障礙症（Dissociative Identity Disorder），也有一說是偽裝的惡魔（Devil in Disguise）。這個疾病因電影《三面夏娃》（*The Three*

Faces of Eve）和《魔女嘉莉》（*Carrie*，編按：曾於一九七六年上映，二〇一三年重新翻拍）而聲名大噪。患者症狀是一個人身上有兩個或兩個以上，具明顯差異的人格存在，輪流控制這個人的行為。

幸好，近年來多重人格疾患已經沒有幾年前那麼流行，但仍然有一票忠實的黨徒。儘管我們幾乎已經可以肯定，它是治療師對容易受暗示的患者身上誘導出的狀態。由於MPD在法庭中常被當成無罪辯護的有利工具，已成為一個逃避責任的藉口，陪審團通常也會因此贊同無罪判決；而這些陪審團的「想法」，往往比帶到法庭中的「專家」更加受到重視。

近年來更常見到的診斷熱潮，便是成年人的注意力缺失症（adult Attention Deficit Disorder）。關於做事毫無組織和愛做白日夢的拖延者，如今對他們的心不在焉不但有了醫學上的解釋，還有很有效的治療方法：興奮劑。這些人異口同聲地表示，在服用安非他命後，自己的精神變好了，做事效率也提高了。對於這種情況，我只能回答：「我也是。」

重點是，在人們努力洗刷真正的精神疾病（像是重度憂鬱症、思覺失調症〔schizophrenia〕、躁鬱症）的汙名時，我們創造出過多的診斷名詞，而這些事實上不過是對某些行為模式的描述而已。在這些診斷中，有某些會對這種或那種精神科藥物有反應，其實只是證實我們認為它們是「生理疾病」的想法。

舉個例子來說，根據長期觀察，受到伴侶虐待的受害者，都是依賴成性的人，沒有辨法與施虐的人分開。將這種人貼上「受暴婦女症候群」（Battered Wife Syndrome）的標籤，等於是在暗示她們沒有能力改變自己的處境，應該要用不同的責任標準看待她們的選擇。

我們不難看出這種假設背後的侮辱性質，它暗示我們以遷就小孩和身障人士的態度在對待這些人。的確，我們創造了一種制度，讓他們可以拿著政府核發的文件，證明自己是情感障礙人士，就像坐著輪椅的人一樣，有資格享受某些社會福利。

這種做法對那些真正遭受精神疾病折磨的人來說，是很合理的。因為他們與現實脫節，或是被無法控制的情緒擺盪所困。然而，把這種做法套用在那些濫用食物、酒精或其他物質的人，或是單純只需要藥物控制焦慮症狀的人身上，「殘障」這個名詞不但推卸了當事人克服自身問題的責任，也嚴重損害身為一個自由人類的自尊，彷彿人們沒有能力奮鬥與克服逆境一樣。

如同其他形式的社會福利，補償這些感到無能為力的人，會更堅定這種情緒，使它持續存在，同時創造出強大動機，讓人交出自主權和勝任感。換句話說，這種制度的立意應該是要幫助那些人，卻逐漸損害了他們的自尊，並且又自我實現般地斷言了這些人的依賴和無助感。想配合這個特殊遊戲，你只需要從醫生那裡拿張證明，然後耐心地等待龐大的官僚體系核發文件，證明你殘疾失能。更不用說還有律師可以幫你加速這個申請過程。

想要擺脫那種無力控制負面情緒的無助感，只有克服恐懼和沮喪的決心，才是真正有效的態度。因為遺傳，有些人顯然比其他人更容易遭受這種痛苦。雖然，藥物可以提供關鍵性、有時甚至是救命性的緩解，但人還是有責任改變自己的行為，讓他們更能夠控制自己的人生。

受害者這個角色通常會伴隨著羞恥和自責感。對於遭受重大社會災難（奴役、大屠殺），或個人嚴酷考驗（犯罪、疾病）的人而言，確實會如此。這就是為什麼，在對受苦的人表達同情和支持之意，跟為消極的依賴者背書之間，還是有著細微的差異。

07

大膽行事！強大的力量就會來幫你

站在一九六九年交接典禮的遺跡上，
我想起那個復活節星期日所感覺到的憤怒、懷疑和恐懼。
而我藉由一篇祈禱文的幫助，獲得重生。

年輕時，我曾有一段時間被派遣海外參戰。我到越南參戰的理由很多，其中最重要的原因就是，想知道自己夠不夠勇敢。那時的我十分憂鬱，所以或許也有一點想要輕生的念頭。不管怎麼樣，我都以行動支持了那場戰爭。我們總得在世界的某個角落阻止共產主義，或者說當時我是那樣相信的。而一些戰場經驗，對我剛萌芽的軍醫生涯也有幫助。

當時我剛晉升少校，奉派隸屬於第十一裝甲騎兵團（11th Armored Cavalry Regiment，別稱黑馬）當軍醫。這個具有五千人的單位正在西貢市的西北部作戰，指揮官是喬治・巴頓三世（George S. Patton III），你可能聽過他父親巴頓將軍的大名。

我盡全力去適應那樣的生活，在直升機上待了很長時間，被射傷過幾次。因為解救一些敵軍脫離險境，而獲得銅星勳章（Bronze Star）。

但是在戰地裡看得愈多，我就愈沒有辦法對參與這場戰爭感到自豪。我們在那裡做的事情，對那個國家和人民造成了難以承受的毀滅性傷害。假裝我們是在為他們打仗，實在很荒謬。我們對他們也沒有應有的尊重，對我們來說，他們是「越南佬」、「鬼子」、「黃鬼」。我真的很厭倦這樣的事。而且我們為戰爭付出的代價太可怕了，美國人最終統計的死亡人數高達五萬八千人。你可以在華府的黑色花崗岩牆上，看到他們的名字。

我還記得，當我明白我們即將輸掉戰爭的那一刻。由於一直無法找到善於藏匿的越共，軍隊受盡挫折，接著發展了極為機密的計畫，用以探查敵軍的聚集地點。我們運用的裝置稱為「人類嗅探器」（people sniffer），這種機器對尿液中阿摩尼亞成分非常敏感。它可以懸掛在直升機下端，然後低空飛過叢林，當讀取到的數據升高時，就集中火力攻擊該地區。

一九六八年的某天晚上，我參加了軍隊裡一日終結的簡報。步兵上尉描述他們在叢林間進行大掃蕩時，他與他的士兵目睹了一件難以解釋的景象：許多桶尿液吊掛在樹上。巴頓和情報官員懊惱地交換了眼色，因為他們心裡清楚我們是對著越南全境的尿桶發射砲火。每發射一回的成本，就是浪費二百五十美元。現在說起來或許可笑，但當時聽起來可不是件好笑的事。

總之，我受夠了。一九六九年復活節的那個星期日，我在巴頓上校移交指揮權的典禮上，穿梭於觀眾之間，發給在場每個人我前晚寫的文章。我稱之為「黑馬祈禱文」：

主啊，我們在天上的父，請傾聽我們的禱告。我們承認自己的不足，求祢幫助我們成為更好的士兵。喔，主啊，請賜給我們能更有效為祢做工的東西，今天就請賜給我們一把每秒可以發射一萬發子彈的槍，一桶可以燃燒一個星期的凝固汽油彈（napalm）。

請幫助我們把死亡和毀滅帶到我們所去之處，因為我們是奉祢之名，所以這都是公平正義的。

感謝祢賜給我們這場戰爭，我們會謹慎銘記在心，這場戰爭雖然不是最好的一場，但總好過完全沒有戰爭。

我們記得耶穌基督說過：「我來並不是叫地上太平，乃是叫地上動刀兵。」（譯按：馬太福音十章三十四節）我們發誓一定要效法祂。別忘了祢最不喜歡的子民，他們藏匿於叢林之中躲避我們，請將他們帶到我們慈悲的手中，讓我們結束他們的痛苦。

總而言之，主啊，請幫助我們，因為我們在執行高尚的任務時都很清楚，唯有祢的幫助我們才能避開和平，那永遠威脅著我們的災難。以上禱告，奉祢的兒子喬治．巴頓之名，阿門。

當時場上有好幾位高層人士，包括美軍部隊駐越南的指揮官克雷夫頓．亞伯拉罕

（Creighton Abrams）將軍。還有許多記者，其中一位問巴頓，這是不是該單位的正式祈禱文。

我當下就被逮捕。軍方立即展開調查，看能不能以軍法審判處分我，但最後還是決定不那麼做了。因為，惹上一個可以對戰爭罪行做出不利軍方證詞的西點軍校畢業生，無疑是自找麻煩。所以，他們用「陷長官於窘境」的名義，將我遣返回鄉。

隨後我辭去軍職，並跟許多人一同努力想結束這場戰爭。我們沒有立刻達成所願，又耗費了四年，再陣亡了二萬五千名美國人後，最後一名美國士兵才從越南撤離。

二十六年後，我和老單位的十七名戰友再次回到越南，同行的還有我兒子麥可（Michael），他是我在戰爭期間從越南孤兒院中收養的嬰兒。我們重訪了好久以前的居住地與戰地遺址。

我們的導遊包括了以前的北越人和越共士兵，他們對這場戰爭也有屬於自己的記憶。他們很友善地接待我們，我想，這對他們比較沒那麼不舒服，畢竟他們贏得了這場戰爭。我們曾經待在那裡的所有痕跡都已被抹滅，當初在龍平（Long Binh）的最大軍事設施，現在已發展成工業園區。

目前越南有一半人口是戰後才出生的，我們在重訪當初歷經掙扎的舊地途中，所遇見的年輕人們，想必很納悶我們到底在找些什麼，因為他們不知道我們有過怎樣的記憶。我們背負著時間和命運的包袱，想起那些回不了家的人，除了那些深愛他們的人之外，沒人記得他們的故事，這令我們內心沉重不已。

站在一九六九年交接典禮的遺跡上，我想起那個復活節星期日自己感覺到的憤怒、懷疑和恐懼。而我藉由一篇祈禱文的幫助，獲得重生。

08

完美主義是幸福的最大敵人

我們活在一個競爭的社會，經常透過輸或贏看待世界。
而在與他人建立親密關係的微妙過程中，
這種觀念是極具毀滅性的。

在這個充滿不確定的生命過程，多數人都投注了大量的時間和精力，竭盡所能想要掌控發生在自己身上的各種事情。

從小，我們被教導追求一個難以捉摸的安全感，滿足的主要方法就是獲取物質商品，並學會得到它們的本事。人們彷彿被放置在一個軌道上，不停地被暗示：只要我們往「成功」邁進，前方就能得到快樂與保障。

要達到這個目標的根本方式就是受教育。學校教育結構式的升學機制，將社會地位和成功潛力做了系統化分類，同時提供各種中程目標來滿足需求，確保我們會不斷進步。完成各階段教育，拿到畢業證書，就像是有了提升社會與經濟地位的保障。最後，我們希望學會一系列足以謀生的專業技能，藉以累積在社會上立足所需的一切事物，確保這樣的身分帶來幸福。

我們也被教育，必須建立親密關係以滿足重要需求——尋找性伴侶、建立穩定家庭、生兒育女等——並且達成其他與自我關注和穩定情緒有關的目標。長輩耳提面命的教誨，大多著重經濟上的成功，至於如何跟他人建立關係，尤其是怎麼與異性交往，就得靠自己去發掘。從理論上來看，對於異性的需求和欲望，應該選擇與自己互補的對象，但這方面總是模糊難懂，令人沮喪。

為了好好掌控自己的生活，就必須去控制他人的生活，這種觀念會產生一個問題。因為這樣一來，我們就像在參加零和遊戲（譯注：zero-sum game，遊戲中一方所得分數即為另一方所失去的分數，遊戲總成績永遠為零），只有在犧牲他人利益的狀況下，我們才可能得到自己想要的。

我們活在競爭的社會，總是把世界畫分為輸家和贏家兩方：共和黨對抗民主黨；善良對抗邪惡；我們的團隊對抗他們的團隊。資本主義制度就是建立在競爭上；法律制度因衝突和追求自身利益而興盛。那麼，**我們經常透過輸或贏這種二元對立的鏡片看待世界**，又有什麼好奇怪的呢？可是，在與人建立親密關係的微妙過程中，這種觀念是極具毀滅性的。

控制是個常見的幻象，與追求完美有密切關係。在我們的夢想中，可以把全世界和所有人都收到自己的意志底下，這樣一來，就不必協調彼此的差異，不需要忍受失敗和被拒絕的可能發生。雖然，我們逐漸理解這樣的世界是不可能存在的，但有時候還是會運用操控的權力，盡可能地去控制身邊的人。

每個人都認識幾個完美主義者，他們總是不斷要求自己和身邊的人，非常執著於某種規範，這種行為到了最後，只是讓人疏遠他們而已。他們不信任自己的感覺，全心全意只想著自己可以控制的事物。

如果要幫完美主義者辯護、說句好話，或許可以說，這些執著者為了其他人努力地維持世界順利運轉。畢竟，誰想讓一位放鬆慵懶的外科醫生動手術，或是搭乘由工作態度「差不多就好」的技師維護的飛機呢？假如我們能勝任許多工作，那是因為已經準備好全力以赴、不放過每個細節（而細節裡住的到底是上帝還是魔鬼，就要看你的意向了）。

執著於控制的完美主義者，他們的問題在於——工作上表現出色的特質，在私生活卻會使他們令人難以忍受。我治療過許多工程師、會計師以及電腦軟體工程師，如果要求他們減少控制，可能會造成工作效能降低。最好的方法是，向他們解釋**完美主義的自相矛盾**之處：某些情況下，尤其是在親密關係中，**只有透過放手，才更能控制它**。

09

生命中最重要的兩個問題：「為什麼？」和「為什麼不？」

若是人們不願意回答生命中的「為什麼？」
通常也沒辦法回答「為什麼不？」
因為後者意味著風險。

改變的先決條件，通常都是了解自己為什麼會做某件事。而那些對我們毫無益處的重複行為模式，更是如此。

蘇格拉底的名言：「未經檢視的人生不值得活。」就是這個意思。不過，大多數人都沒有聽取他的建議，證實了自我反省檢視是一件相當困難、而且可能讓自己難堪的事。

人們為何做某些事情、要這樣過日子，理由通常都很模糊。我們都以為自己的行為大多出於有意識的選擇，其實不然。佛洛伊德對心理學的主要貢獻，就是他對大腦潛意識的理論。他認為，潛意識在我們的意識底下運作，影響人的行為。

許多人一想到自己大部分的行為，竟可能出自毫無意識的動機，便感到膽戰心驚。當人們被要求注意自己的夢境和不小心說溜嘴的話，好進一步了解不想面對的想法與衝動時，更會感到困窘失措。就像當年水門案發生時，尼克森總統在國會發表演說，竟脫口而出：「是時候擺脫我們名譽掃地的總統……我是說，當前的福利制度了。」（譯按：尼克森總統把 present〔當前〕說成 president〔總統〕）或是像前國務卿萊斯（Condoleezza Rice）某次發言時，開頭就說：「正如我告訴我丈……呃，正如我告訴布希總統的……。」

當我們願意承認，在意識底下潛伏著一個深淵，充斥著受到壓抑的欲望、厭惡和動機，會影響到日常行為時，就已經朝自我了解踏出非常重要的一步。不過，這裡又有個矛盾之處。如果我們否認這樣的內在世界存在（就像非常害怕精神科醫師的尼克森總統），當執意控制的一切居然崩壞時，將會感到驚訝不已。（他為什麼會選擇錄下並保留那些犯罪行為的談話錄音，因而斷送總統前程呢？）

忽視潛意識的存在，往往會導致麻煩的結果。在忽視潛意識的後果中，我們最先會注意到的是：毀滅性的行為模式。也就是驚訝地發現自己怎麼一直犯同樣的錯誤。

看看我們文化中不斷出現的行為模式，遇人不淑的女子為什麼總是選擇和她父親相似的男人，從酗酒到暴力傾向都一樣呢？還有，抗拒權威的男子換了好幾份工作，但最後怎麼都是與上司起衝突，搞到不歡而散呢？

要改變這種慣性且適應不良的行為模式，必須**先承認這種模式的存在**。拒絕承認的人，寧可說這只是巧合，或刻意把它視為單一事件，把責任推到其他人身上。所以，假如上述那位對服從權威老是有問題的男子，不斷收到超速的罰單，他通常很難把這件事與工作困境聯想在一起。

若是人們不願意回答生命中的「為什麼？」通常也沒辦法回答「為什麼不？」因為後者意味著風險。大部分人或多或少都會迴避風險，總是一味按照習慣行事，害怕改變。特別是遇到那些可能會被拒絕的事情時，我們都會選擇迴避，表現得好像自己很脆弱，必須受到保護一樣。

一般人可能會認為，這些恐懼會隨著年齡與經驗增長而改善，但事實上往往相反。舉個例子，人生中很常見也很重要的一項追求，就是中年找伴侶，但這對大部分的人來說，都是一件非常可怕的任務，令人猶豫、躊躇不前。

在對抗孤單寂寞之際，還要對抗隨之而來的憂鬱。從交友網站的大受歡迎，證實了人都需要陪伴。

但因為這個文化崇尚青春美麗，貶低年長者的價值，所以人到中年時，就會覺得自己已經失去魅力，沒有自信再去約會和考慮親密關係。就連常用的字彙也背叛了我們，「男朋友」（boyfriend）和「女朋友」（girlfriend）用在四、五十歲的人身上，總是感覺有些彆扭尷尬。

當新事物擺在眼前時，能讓一切動起來的問題應該是「為什麼不？」但人們總是用「為什麼要？」來防衛自己，避免失望。

這可能會使人們找無數的藉口，就是不想把握機會讓人知道自己單身。許多人寧願選擇繼續寂寞，也不願接下認識新朋友的艱困任務，因為這會有被拒絕的風險。「所有好男人都結婚了」或「這些女人都有太多包袱」，都是很常出現的藉口，我都聽膩了。

◑ ◑

我經常問那些規避風險的人：「你冒過最大的風險是什麼？」

他們這才理解到，自己選擇了一個多麼「安全」的生活。人們用來考驗自己的方法，比如接觸性運動（譯按：肢體會互相碰觸的運動，像是橄欖球）、當背包客遊歐洲、從軍等，不過，這些事情多數人都覺得不適合自己。

當我們一心一意只關注安全與保障時，就會喪失一些東西——像是冒險的精神。人生就是一場賭博，我們沒有權力選擇手中的牌，但還是有責任盡自己所能把這副牌打到最好。

在這場賭博中，最大的賭注就是我們的心。我們從哪裡學會這麼做的？如果要用安全的方式來玩這場遊戲，又該如何在犯錯的風險與注定孤單之間，取得平衡呢？

在我們的生活中，最危險的莫過於兩種極端：一邊是憤世嫉俗，另一邊則是有勇無謀。跟大多數的遊戲並不同，**「人生遊戲」的結果就是要讓每個參與者都得到報酬**。如果我們把它當成是一場競賽，那就輸定了。但是，又要怎麼確定其他人也有同樣的合作態度呢？

這就是我們必須接受風險的地方了。有時候**我們得承受風險，才有機會贏得幸福**。在別的活動中，我們都不會期待自己從一開始就擁有熟練的技術。每個人都知道學習曲線的概念，有時總是會歷經痛苦的錯誤，才能變得熟練。沒有人會認為自己可以不跌倒個幾次，就成為滑雪高手；**但許多人在努力尋找值得愛的對象時，對於伴隨而來的傷害痛苦，卻總是大驚小怪**。

為了達成這個目標，承受必須的風險，是勇氣十足的表現。而拒絕承受風險，只想保護我們內心免受任何損傷，則是放棄希望的行為。

10

我們最大的強項，也是最大的弱點

人生中自相矛盾的例子數都數不清：
不願冒任何風險才是最大的風險；
生命中的每件事，都是好消息也是壞消息。

有些人格特質和學術與專業成就有高度的相關，像是：全心奉獻給工作、注重細節、管理時間的能力、自律盡責等。有這些特質的人，通常都是優秀的學生和高績效的員工，不過問題是，他們可能也很難相處。

想想看，那些嚴格要求自己的人，對身邊的人經常也有較高的標準。在工作場合這方法通常可行；但是在私生活中，什麼事都要按照清單、追求完美主義的態度、把工作看得比娛樂和友誼更重要、缺乏彈性，以及冥頑不靈，可就沒有那麼受用了。而且會讓那些重視親近輕鬆和寬大為懷的人，因此疏遠他們。

想要在生活各種領域都能成功順遂，得做適當的區隔。巧妙調配我們的多重責任——員工、伴侶、父母、朋友等角色——確實是一項挑戰。無論當下的身分是什麼，我們通常都會認為自己就是同一個人，但是不同的身分需要使用不同的態度。

假如試圖把講究商業效率、垂直整合的決策模式，拿來對待家人，就很可能遭到怨懟與抗拒。相反地，如果我們的風格是衝動草率、只想尋找樂子，那麼在工作上必定很難成功。

◑　◑

在許多婚姻中不時會出現這樣的討論，一個性格非常執著的人（通常是男人），跟一個比較衝動誇張的人（通常是女人）在一起。一開始，兩個人就是因為需求互補才會互相吸引。男人的生活需要更多娛樂，所以喜歡女人不受拘束、比他更隨性自然的個性；而女人則把井井有條、一絲不苟的男人，當成嚴謹的標準，可以平衡自己衝動的天性。我們很容易看出，為什麼這樣的關係經常埋下失望與挫折的種子。（他老是問：

「為什麼妳不能更有責任感一點？」她回嗆：「你就是不懂得找樂趣。」）

有強迫性格的人特別容易憂鬱沮喪，這就跟在不完美的世界中，尋找完美的人一樣。他們總是不明白，為什麼在工作中無往不利的方法，一用在家人身上都行不通了。執著的人喜歡掌控全局，任何威脅到他們作主的事情，都會引發焦慮，只好更加努力重新取得控制權。如此一來，使得原本引起問題的行為又更加惡化，隨之產生的衝突帶來挫折與失望，更進一步強化失敗感。

面對這樣的狀況，諮商時我會提出：「怎麼會發生這種事？」讓治療留在實用的範圍內，使人們在實際而非理論層面接受挑戰。當深信不疑的信念受到挑戰時，人們總是採取防衛爭辯的姿態。這就是為什麼大部分的政治和宗教爭論，永遠不會有結果。然而，若我們能被引導，單純**從實際層面去思考自己的行為**，有時候就能被說服，願意嘗試新的方法。

基本上，幾乎所有的人格特質，像是好勝心、重條理，甚至善良體貼，只要執著到一個極端，都會產生不好的結果。或許這就是很多人說的，所有事情都要適度。但是我們必須承認，**那些我們最引以為傲的特質，可能正是我們失敗的原因**。

說到這裡，我們就來面對生命中有時會自相矛盾的角色。舉個例子，有句大家都聽過的建議：「謹慎許願，你可能會如願以償。」年輕時，熱烈追求的渴望和摯愛，在年紀漸長後，經常會帶來幾分消遣和遺憾的感覺。高中時，我們那麼愛慕的女孩到哪去了？就算你真的如願娶了她，當初愛上的那個人終究會變成回憶，或是徒留那時她曾帶來的怦然心動。這種情況實在太常見了。

我們以為擁有了一定能讓自己快樂的事物，事實上很少真的奏效。命運，似乎還滿有幽默感的。

人生中自相矛盾的例子數都數不清：奮力不懈地追求歡愉可能帶來痛苦；不願冒任何風險才是最大的風險。我個人最喜歡的是這個事實——**生命中的每件事，都是好消息也是壞消息**。長期夢寐以求的升遷，會帶來更多收入和更多頭痛；夢想中的假期，讓人累積了一大筆帳單；經驗雖然讓我們學到許多，但我們已經老到用不上那些知識了；青春都浪費在年少輕狂中。

無常嘲笑著我們。我們一切的努力，認真學習、竭力爭取、拚命抓住手上擁有的事物，到最後全都是一場空。最終且掌握全局的矛盾說法是：**唯有擁抱有限的生命，才能在我們擁有的時間中獲得快樂**。

我們努力把握機會與深愛的人相處，是因為知道所有人事物最終都會消逝。對於時間的重量和人生終將一死，你要不就健康地拒絕，要不就勇敢地接受，如此才能擁有體驗各種歡樂的能力。

11

世上最堅固的牢房，就是我們親手為自己打造的

人們常常會把想法、願望和意圖，跟實際的改變搞混。
懺悔自白對靈魂或許有益，但除非我們同時改變行為，
否則一切只是空口說白話。

當我們提到失去自由，很少會想到是自己替人生設下了許多限制。所有害怕嘗試的一切，所有沒有實現的夢想，都局限了自己現在以及未來可能的模樣。

是什麼，阻止了我們去做那些可能讓自己開心的事？通常都是恐懼和它的近親——焦慮。

人們的生活充滿了對自己許下的破碎承諾。我們渴望的事物，像是自我成長、在工作中獲得成功、談場戀愛等，也是所有人都想達成的目標。

其實，達成這些目標的方法都很明確，但是我們卻不做該做的事，當然無法

成為自己想成為的那種人。

把自己的失敗怪罪到別人頭上，是人之常情。父母就是我們怪罪的對象之一。**我們老是感嘆自己缺乏機會，彷彿人生是一場樂透，只有少數幾個號碼才能得到大獎**。沒有時間和必須工作賺錢，也是無所作為的常見藉口。

除此之外，我們害怕自己真的嘗試了卻一敗塗地，這個念頭同樣會產生極其有害的惰性。降低期望，就能保護我們免受失望。

沒有人會喜歡自己被困住的感覺，畢竟這是個充滿機會的國度，周遭充滿了成功的榜樣。我們的文化不斷地宣揚成功的故事，某個人也不是特別有天分，卻從沒沒無聞變成家喻戶曉的大人物。但是，多數人並沒有從這些故事中獲得希望，反而認為它們只是更加證明了自己有諸多不足。

看到這些成功轉變發生得那麼不費吹灰之力，我們感覺既困惑又喪氣。在這個沒有耐心的社會裡，有成效的改變所必經的緩慢過程，並不會受到太多關注。所以，要去哪裡找必備的決心和毅力，來達成我們想要的目標呢？

市面上各種說法、建議從沒少過。書店和雜誌上充斥各種方法，教你變得更有錢、更苗條、更有主見、比較不那麼焦慮，以及如何更能吸引異性，別人看了還以為我們縱情於什麼自我成長的狂歡會呢。

然而，那些來找我談話的人——有足夠的勇氣辨識出自己需要幫助的人——大部分時候，今天做的事情，跟昨天甚至是去年，幾乎都一樣。我的工作就是指出這一點，然後跟他們一起思考，到底怎麼做才能真正改變他們的行為。

我們必須先能想像出那件事情的模樣，才有辦法做到。這句話聽起來很簡單，但是我發現許多人的行為和感覺是連不起來的。我認為，這都要怪罪於現代醫學和廣告產業。人們變得很習慣這種觀念：如果我們不喜歡自己和生活中的某些部分，都可以快速地改變它，個人並不需要太過努力。

例如，服用藥物快速改變情緒、用整型手術來改變外貌、花錢買些商品就可以幫助自我成長……這些都助長了一個幻想：以為花錢就可以買到幸福快樂。馬爾坎・富比世（Malcolm Forbes，編按：美國《富比世》〔*Forbes*〕雜誌創辦人）有句名言：「任何以為錢買不到幸福的人，就是跑錯地方買了。」

當然，這種想法其實只會增加我們的挫折感，並讓親自打造的牢房更加堅固。我把這一點稱為「樂透心態」。有些人企圖合理化賭博行為，祭出「這是在販售希望」的概念。那些手頭算不上寬裕的人們，排著隊伍買彩券，參與一場幾乎不可能贏的遊戲，然後滔滔不絕地講述自己要怎麼花這幾百萬的獎金。從實際面來說，這不叫「希望」，而叫做「白日夢」。

對於口中老說要改變自己的人生，卻不採取任何具體行動的患者，我常常直接問他們，他們說自己計畫要做些不一樣的事情，到底是在表達真心的意圖，還是隨口說說、許個願罷了。許願或許有消遣和分散注意力的效果，但是不該與現實搞混。

撇開宗教方面的轉變不談，**改變一個人的態度和行為，是個緩慢的過程**。改變是漸進式的。

看看那些成功越獄的案例，你就會看到這條通往自由的漫漫長路，是累積各種想像、花了無數小時規畫，通常是幾個月甚至幾年的時間。我們或許不欣賞越獄的囚犯，但是他們的謀略和決心卻值得所有人效法。

◑ ◑

面對尋求心理治療的人，最難確定的一件事就是——他們**是否準備好要改變了**。有發揮決心毅力的意願，才是改變的必要條件。

有些人尋求幫助，並不是真的想要改變自己的生活，而是另有目的。

我們生活在一個會把抱怨提升為「公開演說」的社會中，大眾媒體和法庭上充斥著各式各樣的受害者：童年受虐、因他人錯誤造成自己的不幸、毫無預警的意外災難等。許多自願的行為被重新分類成疾病，這樣一來，受苦的人就能得到同情。如果可以的話，還能獲得賠償。難怪精神科醫師的診療室中，總會出現不少這樣的人。他們期待一雙同情的耳朵和幾包藥物，來緩解苦惱的感受。他們通常會想要拿到一份證明當作訴訟證據，或是給他們一封信好跟公司請假。

這些人來求診，不是因為想要檢視自己的生活、為自己的感覺負責，並決定自己得做什麼改變才會快樂，然後確實去執行——坦白說，他們無心參與這麼艱困的過程。

為了釐清我準備扮演的角色，在個案第一次面談時，我都會請他們簽署一份文件，其中部分內容如下：

> 本人不涉入工作糾紛、官司訴訟、監護權的爭奪、判定患者是否喪失行為能力，或其他法律及行政訴訟程序，包括工作藉口及要求改變工作環境。若您因上述理由需要醫療背書，請另請高明；本人僅提供心理治療。

人們常常會把想法、願望和意圖，跟實際的改變搞混。他們對於言語和行為的混淆不清，會阻礙治療的過程。**懺悔自白對靈魂或許有益，但除非當事人同時改變行為，否則一切只是空口說白話**。我們是口語的動物，不管多麼細微的想法都喜歡用嘴巴講出來（還記得上回你不小心聽到別人講電話的內容嗎？）我們把承諾看得過度重要了。

每當我向人們指出，他們口中所說的，跟實際行為並不一致時，他們的反應通常是驚訝，有時候甚至會發火。因為我不聽信他們口頭陳述的想法，卻只專注於**唯一可以信**

任的溝通方式：行為。

人們對彼此說的話語當中，最令人困惑的大概就是「我愛你」。我們渴望聽到這句強而有力又令人安心的訊息，但是，若沒有愛的行為持續作為支撐時，這句話不過是句謊言——或者說得委婉一點，只是個不太可能實現的承諾。

言語和行為的不一致，不能當成衡量虛偽的唯一標準，因為我們都相信自己說的話是出於善意。我們只是太過關注言語，無論是自己的還是別人的，卻不夠注重真正能定義這個人的行為。

我們親手為自己建造的牢房，堅固的牆壁就是用我們對風險的恐懼，以及祈望這個世界和所有人都順從我們意願的夢想，一點一滴建造起來的。要放下一個令人安心的幻覺很難，但是，要用跟周遭世界不一致的觀點和信念，去創造一個幸福人生，更是難上加難。

12

迷戀青春的社會，我們在逃避什麼……

「膽小鬼是承受不了變老的。」
或許我們最後的義務是——
有尊嚴地承受隨著老化而來的生理與心理打擊。

老年通常被視為享受權利的時光。在努力工作多年以後，退休者理應有享受悠閒生活、社會保障的資格，和年長者優待福利等，然而這些特權根本彌補不了年長者大幅降低的社會地位。

他們因為身心孱弱而得到汙名，除了持續扮演消費者的角色外，我們很少會認為年長者還有什麼用處可以貢獻社會。因此，努力把他們隔離到安養院和老人社區，顯示我們認為長者沒有什麼東西可以教導我們，也反映出我們很想減少與他們互動的機會。

跟許多弱勢族群一樣，年長者會配合

這種隔離行動，徒然印證了汙名的力量。他們開車的能力（也就是保持獨立的能力），是許多笑話的主題，偶爾也會引發政府機關關注。（你知道嗎？如今在佛羅里達州販售的車輛會附加一種裝置，當左轉方向燈持續亮超過二十秒，車子就會自動左轉。）

為了對抗老化的生理跡象，我們每年花在化妝保養品產業上的金額，約一千五百億美元。相較之下，國家的其他優先預算，像是教育、公路維修費用或國防預算，根本就是小巫見大巫。整型手術的興起，使得注射肉毒桿菌相形失色。而全國對於皺紋和落髮的在意程度，在在顯示對大多數人來說，正常老化過程所引起的恐懼程度，已經接近恐慌症了。

其實，我們害怕的是死亡，老化跡象不過是種不討喜的提醒，告訴我們生命有限。不接納年長者和自己老化的跡象，也只是反映出對種族滅絕的自然恐懼，始終糾纏著人類。這是宇宙跟我們開的玩笑，命運、神，或主導這齣戲的主宰者，彷彿在對人類說：「我將賜予你們統治其他生命的力量，但是，你們將是唯一有能力思索自己死亡的生物。」

而對於自己被社會邊緣化、價值被貶低的老年人，反應又是什麼呢？他們當然很憤怒。一方面得忍受隨著老化而來的損失，愈來愈缺乏的性吸引力和熱情、健康衰退、多年老友紛紛離世、頭腦愈來愈不靈光，還要應付大眾蔑視的目光，因為這個社會瞧不起沒有權力或沒有在工作賺錢的人。

因此，抱怨就成為了老年人的任務。在這個錯綜複雜的世界裡，某些族群被分派了特定角色，例如，青少年的工作就是用飆車、喧擾的行徑，和過度使用「超讚」這個字眼，來折磨其他人。而我們這些年長公民的存在目的，有時看來就像是為了用慢吞吞的動作，和抱怨生理疾病，來讓旁人覺得煩躁。

這是生命發展的對稱性，隨著我們老化，就會慢慢退化回嬰兒期。在準備迎接死亡之前，再度回到這種非常自我與依賴他人的狀態，使得身邊所有關心你的人都覺得無奈。這件事會怎麼發生與多快發生，取決於我們在地球上的年歲裡到底學到什麼。

◑　◑

恐懼老化的其中一個原因，是那些比我們早離開的人，多半為我們建立了不好的模範。來找我諮商的大部分家庭，都把年長的親人視為負擔，他們很少想到老人家有許多智慧和人生經驗可以傳遞給年輕人，原因在於：大部分老年人都以自我為中心地抱怨個沒完。

當中年人談到年邁的父母時，通常都是混合著責任感與無奈感。老年人會變得更容易憂鬱，而憂鬱的人又總只想到自己、易怒、難相處。正式的憂鬱症治療，經常會把老年人排除在外，以不實的解釋取代了醫療上的評估：「如果我那麼老的話，我也會憂鬱啊！」

雙方的期望都降到很低，結果就形成某種僵局，老年人扮演的角色就是沒完沒了的嘀咕，而年輕人心不甘情不願地傾聽，試著盡到孝順父母或祖父母的義務，卻又盡量減少與他們的接觸。

人老後，很常出現的兩項排除與邊緣化年長者指標，就是把老人家與自己的生活環境分隔開，以及送到更令人望而生畏的養護機構。事實上，按照年齡劃分的社會階層，是最僵化的分類，通常更甚於按照教育、財富，與社會階級的區隔。

老年人在自己還很有活力時，就出現一種自願性的移民舉動，他們會搬到氣候比較溫暖的地區，群居在所謂的「退休社區」裡。他們最常選擇的地點是美國佛羅里達州和西南部，並且經常會選擇住在排除某些年齡層以下居民的地方，這個年齡分界通常是五十歲。

這種自我隔離的結果，就像是「長輩們」會去參與一些根本不用動腦、我們認為只有老人才會做的活動，例如賓果、沙狐球（Shuffleboard，編按：原是一種在桌上滑動銀幣的遊戲，後來出現專用的沙狐球以取代銀幣）、高爾夫球等，以及所謂的「運動課程」——只是做一些非常緩慢的動作，慢到違背了運動的目的。除了家人義務性的探訪外，老年人跟年輕人幾乎完全沒有互動，平時也缺少任何智力上的刺激，但這些其實都很重要，因為有時它們可以延緩失智症的發生。

許多老年人言談中的各種抱怨（通常還伴隨著自己受到忽視的暗示），對兩代之間的關係會造成難以估計的傷害。我知道很多人都很怕接到父母的電話，尤其害怕聽到父母回應「你們過得還好嗎？」這個問題的答案。聽到他們用抱怨的語氣，一連串地說著這裡痠那裡痛、排便困難等，偏偏自己心裡又很清楚這些痛苦無藥可醫，而且會愈來愈嚴重……還有什麼比這些牢騷，更令人覺得無趣且沮喪的呢？

我相信，為人父母是一種自願性的承諾，而不是為了要孩子日後撫養自己，也不應該要求他們的人生照著父母的喜好走，或是無止盡地聆聽父母抗議歲月的摧殘。其實，我認為老年人有這個責任，讓自己盡可能以更優雅堅定的態度，承受老化帶來的損失，避免把自己的不適強加在愛他們的人身上。

當父母的人，這輩子最重要的任務，就是把樂觀的態度傳達給年輕人。無論我們對孩子還有哪些義務，都應該讓他們相信：在人生的逆境和無常中，人們依然可以得到幸福。這個信念，正是我們可以傳承給下一代最大的禮物。就跟誠實、信守承諾、同理心、尊重、勤奮等，我們希望教導孩子的所有價值觀一樣，告訴他們「希望」的重要性，也是要以身作則的。

◑ ◑

許多老年人都說他們有一種被忽視的感覺，就跟其他弱勢族群會有的感受一樣。具體的例子是，商店內的銷售員無視他們；在流行文化裡，看不見老人家討人喜歡的形象；現實生活中，他們成了家人義務性拜訪和打電話的對象。

而最顯著的是，長者們被對待的方式，彷彿他們再也講不出什麼有用的話了。對老年人來說，沒有人聆聽他們的感受是最難堪的。因此，他們總是對年輕人滔滔不絕地說著無聊的內容，這是一種報復，表達出許多老年人受到輕視和忽略的心情。

在一個迷戀青春的社會裡，「膽小鬼是承受不了變老的。」這句話明確地表達出老年人面對的困境。或許我們最後的義務是——有尊嚴地承受隨著老化而來的生理與心理打擊，避免不斷自我憐憫。

然而，當自我面對歲月的侮辱時，我們還有可能保持希望嗎？

正如勇氣並不是每個年輕人都具備的美德，我們也不能期待老年人都能展現勇氣。不過，當我們見識到勇氣時，必然會知道且珍惜它。面對日漸逼近的死亡，具有平靜思索的能力，才能在最後一刻，讓我們有機會勇敢起來。

隨著人生舞台之幕漸漸落下，如果我們還能保持幽默和對他人感興趣，這就算是為了那些還活著的人，貢獻難以估算的價值。如此一來，我們也盡到對在世者最後的義務，並藉此表達出我們對生命這份禮物的感激——這份本不該得到，卻享受了如此長久的禮物。

13

安全是人生最大的風險

我們活在一個規避風險的社會中，
投入大量的時間和精力，
只為確保自己所做的一切是「安全」的。

憂鬱的人習慣把焦點放在自己的「症狀」上：悲傷難過、提不起勁、睡眠障礙、食慾改變、快樂不起來。人們自然會努力試著透過藥物和心理治療，來舒緩這些惱人的症狀。但有的時候，尤其是我的努力治療似乎沒有效果時，我會將他們的注意力導向另一種可能性——他們的憂鬱或許有些好處。

其中一個好處是，這是個**安全**的位置。同樣的說法，當然也可以套用在長期悲觀的人身上，而這通常就是憂鬱症的前兆和表現形式。

我們很難讓悲觀的人醒悟過來。他們

習慣垂頭喪氣，對令人不悅的突發狀況早就習以為常。由於他們凡事不抱太高的期望，所以這些悲觀主義者（他們總覺得自己很實際）也很少感到失望。當我告訴他們，我們的期待無論好壞，通常都會實現時，他們對此感到相當懷疑，因為他們長久以來都只會做最壞的打算。

要求一個人拋開憂鬱，通常會遭到抗拒。因為擁有快樂，就等於要承受失去快樂的風險。然而所有重要的成就，都需要承擔一些風險：冒著在創造、探索，或戀愛時遭遇失敗的風險。

我們活在一個規避風險的社會中，投入大量的時間和精力，只為確保自己所做的一切是「安全」的。我們被教導要繫緊安全帶、把門鎖好、戒菸、每年做一次健康檢查，做運動前還要先詢問醫師。我們擔心天氣不好、整天想著孩子的安危、住在保全系統的房屋裡，武裝自己來對抗入侵者。

前幾代人們視為理所當然的風險，像是孩童夭折、傳染病、環境大變動，都已經不是現代多數人會擔憂的事情了。取而代之的，是我們指定社會中的某些成員，如警察、消防員、軍人、運動員等，為其他人承擔這些我們不敢冒的險。娛樂界生動地仿效英勇行為，來取代我們需要的刺激，同時提供扭曲的模範，告訴我們什麼叫做勇敢。在這些戲劇中，暴力、控制和勇氣之間，有著不可避免的關聯，但是跟我們的生活卻沒有什麼相關性。

◑ ◑

想要遊說不快樂的人，請他們把握各種機會，才能夠改變讓自己長期沮喪的態度和行為。不過，他們通常很難接受這種觀念。我的專業——精神醫學——在這個問題上做出了一些貢獻，把憂鬱症定義為化學性疾病，並指出這種疾病過度依賴藥物治療。在這件事情上，我們一直受到保險公司的慫恿（和脅迫），保險公司不斷地侵蝕心理治療的補償金額。

而心理治療是什麼呢？它是一種目標導向的對談，為的是幫助人們改變。這正是人們尋求協助時想得到的：**改變**。

他們通常都想要改變自己的感受：焦慮、悲傷、迷惘、憤怒、空虛、隨波逐流。我們的感受，主要是根據自己如何詮釋發生在自己身上及周遭的事，也就是我們的「心態」。**重點不是發生了什麼事，而是我們如何定義這些事件及做出什麼反應**——是這些決定了我們的感受。

一直陷在情緒裡的人有個特徵，就是他們已經失去能力，或相信自己已經失去能力，去選擇能讓自己開心的行為。

試想一下，有個人因為過度憂慮，使得他已經無法在世上自在地過生活。做每個決定之前，他都要先衡量一下這個決定增加或降低焦慮的可能性。當一個人為了避免焦慮，連選擇都受到限制時，他的生活就會跟著萎縮。

一旦發生這種狀況，焦慮會更加嚴重，沒有多久，這個受苦的人就會變得什麼事都擔心害怕。他怕的倒不是外在事物，而是焦慮本身。這些人會變得不敢開車、不敢上街購物，有時甚至連走出家門都不敢。到了這種程度，有些患者會覺得自己生活中的選擇已經受限到了極點，於是不與人交流、不跟人接觸。這種畏縮的症狀，也可能在重度憂鬱症患者身上看到。

精神科醫師的職責，就是為他們重新注入希望。我常常問患者：「**你的期望是什麼？**」被焦慮或憂鬱壓得喘不過氣來的人，通常都沒有答案。當然，真正的絕望，是想著結束生命。

◑　◑

面對想自殺的人，我很少試著說服他們放棄那個念頭。相對地，我會請他們檢視一下，是什麼原因讓他們撐到今天，而沒有真的付諸行動。通常我們要找的是，**在這個人面對幾乎無法承受的心理痛楚時，仍緊緊拉住他的那個情感連結是什麼**。

我們無法否認，在任何自殺的決定中，都帶著一定的憤怒。對那些深愛我們的人而言，自殺是個永遠存在的詛咒。沒有錯，它固然是絕望的最終聲明，但它同時是一種宣告，在對最親密的人說，他們對我們的關愛，以及我們對他們的感情，都不足以支撐我們多活一天。

絕望者唯一關注的就是自己，這是很自然的，而自殺就是過度沉溺於自我的終極表現。待在自殺傾向者身邊的人，包括精神科醫師，與其只表達出因為他而感受到的同情與恐懼；我認為當面告訴他們：各種自我毀滅行為代表的自私和憤怒，也是合理的。

這種方法可以防止一個人自殺嗎？有時候可以。

在三十三年的精神醫學行醫生涯中，這個論點只失敗過一次。一位育有兩個小孩的年輕媽媽，因為痛苦的離婚經驗引發了憂鬱症，就在她要來醫院的當天，舉槍自盡了。由於我在診間苦等不到她，便立刻請警察去她家，這才發現她的屍體。從那天起，我就不再奢望自己可以控制另一個絕望者的生命了。

在許多年之後，我接到一通電話，得知我親愛的兒子——二十二歲的安德魯（Andrew），以自殺的方式，結束了他與躁鬱症長達三年的掙扎。即使到了現在，已經過了十三年，任何言語都不足以表達，從那可怕的一天開始就籠罩著我的悲痛。

父母埋葬自己的孩子，這是違反自然規律的。在一個公正的世界裡，這種事永遠不會發生，但是在我們的世界裡，它發生了。

當安德魯在絕望的漫長抗戰中投降時，他拋下了許多深愛他的人。我們的回憶裡混合著他帶給我們的喜悅，以及他的死亡留下的永恆悲傷。在我整理他這一生留下的種種紀錄時，發現了他九歲時寫的學校作業，其中有一段是這樣寫的：

現在大約是下午兩點半，爸爸跟我已經跑了一個多小時。我們現在是逆風，所以我跑在爸爸後面，讓他替我擋風。

我們跟其他兩百名跑者比賽。這一段路很難跑，有很多很陡峭的山路。到了最後一英里，我們加快速度，超越了好幾個人。當我們抵達跑道時，還得再繞著它跑半圈，然後就完成十三英里的比賽。

他是個優秀的學生，高中時擔任班長，大二時當選學生會代表，也就在那時出現最初發病的症狀。他三度忍受住院的折磨，情緒在混亂瘋狂與消沉低迷這兩個極端之間劇烈擺盪。我猜想，在最後的絕望時刻，他想到可以結束長期忍受的身心折磨，應該有得到一些安慰吧。我祈禱他已經找到自己尋求的平靜，只有這個希望，才能讓我忍受著內心的痛苦，繼續活下去。

他的病是一陣徹骨的寒風，任何人都無法替他抵擋；到了最後，這陣風把他刮走了。他離開得太早，但是我知道他愛我們，就像我們愛他一樣。而我已經原諒他讓我的心碎了，相信他也原諒我這個父親犯的所有錯誤。

每當我想起他的笑聲，腦中就會響起民歌手湯姆・帕克斯頓（Tom Paxton）寫的一首歌：

你不說一聲再見就要離去了嗎？
沒有留下任何痕跡？
我本該更加愛你，
絕不是故意對你不和善。
你知道，那是我心裡想著的最後一個念頭。

14

真愛是伊甸園的蘋果，如何找尋？

兩個人的結合，足以彌補身為人類得承受的所有重擔，
包括辛苦勞動的必要，滿布荊棘的人生道路，
以及終其一生都曉得人終將一死。

在聖經故事裡，亞當和夏娃失去上帝的恩寵，被逐出伊甸園，因而永遠定義了我們身為人類的特性：好奇、軟弱，以及對彼此的欲望，而這個欲望甚至超越我們對上帝的忠誠。那顆果子到底有什麼特別，竟讓人如此難以抗拒，值得他們捨棄完美、赤裸，和永生的極樂，換取羞恥和勞苦的生命？（「你必汗流滿面才得餬口。」——創世紀三章十九節。）

從某方面來說，正常的人類發展過程，就像是這個墮落故事的延長版。童年是一連串的幻想破滅，我們從天真的信念進展到冷酷的現實。一個接著一個，拋棄

了聖誕老人、牙仙、父母是最完美的人，以及我們會永生不死的種種概念。

當我們放下這些令人安心又踏實的童年想法時，取而代之的是一種感覺——人生是掙扎的、充滿痛苦與失去，結局更是糟糕透頂……這一切還真多虧了亞當和夏娃。

當你想到這一點時，不免覺得人類實在了不起，我們居然沒有因此而絕望氣餒，反而堅持在短暫的生命中，找出一些幸福快樂。在所有追求幸福的方式中，就如《創世紀》所提到的，我們是藉由「連合」（cleave）彼此而更加親密。（「cleave」真是個神奇的字眼，同時傳達兩個完全相反的意思：裂成碎片與緊緊抓住。）

馬克．吐溫（Mark Twain）在《夏娃日記》（*Eve's Diary*）中，以夏娃的角度說出墮落後的心聲：

> 每當我回憶過往，那座花園就像一場夢。它很美，美得非凡出眾、美得令人著魔，而現在我失去它，再也見不到它。伊甸園遺失了，但我已經找到他，而且心滿意足。

當我終日想著失去摯愛所留下的破碎回憶時，很難不對人們選擇人生伴侶的方式，產生嘲諷質疑。我想問，這個人是否跟你當初決定與他廝守終生、堅信他就應該是你孩子的父親時，已經完全不同？關於他對你的忠貞、堅定，還有愛，你難道從來沒有一絲懷疑嗎？這個問題帶來的後續討論，一遍又一遍地揭露出——我們年經時有多麼膚淺與愚蠢。

或許，這是因為我們在成長過程中缺乏良好的模範。前來找我諮商的人當中，很少有人欣賞父母之間展現出的愛意和承諾。事實上，我經常聽到人們對愛情持久的可能性抱持冷嘲熱諷，這全看他們從上一代身上觀察到什麼。

◑ ◑

當人們墜入情網時，竟然不需要為自己的情感找理由，這似乎有些諷刺。一般人都能接受，人類互相吸引的過程是神祕且無法解釋的。人們會說是因肉體的吸引力、共同的興趣，或某些神祕的「化學反應」使兩個人互相吸引，並讓他們決定共度一生。周遭人們接受這種說法，開始大費周章地為他們準備精緻又昂貴的婚禮，慶祝相愛的兩人準備攜手共度一生。

但另一方面，當人們掉出情網時，卻又堅持要一個解釋：到底發生什麼事？是誰的錯？你們為什麼不能解決這個問題？……在大部分的狀況下，「我們不再彼此相愛了」稱不上是個充分的理由。

這多半可說是教育問題。你可能會覺得，在人類行為中，這麼重要的領域，學校應該考慮開設一門課。

歌手賽門與葛芬柯（Simon and Garfunkel）在他們的歌曲〈柯達軟片〉（Kodachrome）中，這樣總結他們的中學教育：

當我一想到高中時代學的那些垃圾，現在的我居然還能思考，簡直就是個奇蹟。

我們在三角函數、工藝課，還有一直很受歡迎的「健康教育」等，這些幾乎毫不相干的課程中，企圖找尋有關人類性格及行為的有用資訊，以教導我們在選擇朋友和愛人時，如何避免犯下災難性的錯誤。但這樣的搜尋根本是徒勞無功。所以，如同人生中大部分的事情一樣，選擇與誰相愛這麼重要的任務，同樣得靠錯誤與嘗試來學習。倘若，嘗試的代價沒那麼高該有多好。

我可以想像，有一堂課是圍繞著「追求幸福」的主題而設計。課程就從討論愛的定義開始；接下來是有關「人格障礙」的主題指導，這會涵蓋那些最容易令人心碎者有什麼人格特質。再接著探討何謂「成功婚姻的伴侶態度」，其中會討論到善良與同理心，以及我們如何辨識這些美德。

最後，我們會邀請一些客座講師——一些經歷過痛苦離婚的人，和一些成功維持長期關係的人——現身說法。挑選後者的講師人選時，要格外謹慎。每次我聽到結婚已經五、六十年，甚至更久的長者，回答「婚姻成功的祕訣」這個老是被問到的問題時，他們的評論在我看來，名列前茅的永遠都是「要能忍受無聊」、「我們從來不帶著怒氣上床睡覺」，或「凡事適當就好」等陳腔濫調，這些答案傳達出的哲學**比較像是求生法**

則，而不是幸福快樂。

讓人不禁想問：永無止盡、歷久彌新的愛，這樣的概念上哪去了呢？

若要說，亞當和夏娃失去恩寵的壯麗故事能帶給人們什麼啟示，那就是——兩個人的結合足以彌補身為人類得承受的所有重擔，包括辛苦勞動的必要，滿布荊棘的人生道路，還有終其一生都曉得人終將一死。那禁果到底有多美味，儘管惹怒上帝也要品嘗？

「**伊甸園遺失了，但我已經找到他，而且心滿意足**。」

15

人生
只有壞事才會來得很快

只要我們用擁有的物質和外貌來衡量他人和自己，
人生必定是一趟沮喪的旅程，
途中出現的只有貪婪、嫉妒，和想要成為別人的欲望。

想要在生活中有所改變的人，通常都有個共同的幻想，就是以為改變可以一蹴可幾。一旦我們「知道」該做些什麼，彷彿就可以輕鬆辦到。

但事實上，這種突然的改變很少發生，因此讓許多人感到困惑。

最難改變的行為，多半是與成癮現象有關的，例如酗酒、抽菸、藥物依賴等。在這裡，我們假定體內產生了某些化學反應，讓人更加難以執行對自己最好的事情。當我們嘗試戒除不想要的物質時，脫瘾症狀的出現就像證實了我們的想法：生理上的渴望擊敗了意志力，使我們無法逃脫，需要一些特殊的課程才能幫助我們打敗它。

那麼，其他明顯的上癮症狀，像是暴食和賭博呢（最近還多了性與購物）？這些依賴行為跟化學反應比較無關，但是任何嘗試過控制飲食攝取，或壓抑下注欲望的人都會告訴你：實行起來有多困難。

其實這是習慣在作祟。每個人獨一無二的人格特性，很少是理性選擇下的產物。當然，有的時候我們確實會自己選擇培養健康習慣，好比規律運動就是提升生活品質的好習慣。不過，長年以來的壞習慣卻會隨著時間而更加頑強，變得極度難改，就算它們可能會毀了我們的人生也一樣。

在這些改變一生的不良行為中，還包括了我們習慣與他人互動的方式。我們在他人面前表現出來的特質，是決定建立與維繫關係可以多成功的主要條件。這些「個人風格」，大部分都不是意識選擇的產物，而是天生或從早年跟家人的相處經驗所養成。由於它們存在於潛意識層面，所以我們會抗拒改變，即使在現實生活中已經明顯不管用，我們仍然無可奈何。

就算只是很小的改變，一旦牽涉到改變既定思考和行為模式，仍是需要很長的時間。而且還要努力培養洞察力、重新評估自己的行為，並且嘗試新的方法。即使在最佳狀況下，這樣的改變依然需要時間。

同樣地，其他明明已經不管用，我們卻還是一再重複的個人特質和習慣模式，像是衝動、享樂主義、自戀、易怒，以及強烈想要控制身邊的人，也都是這樣。若以為這樣的特質可以在一夕之間，或是一察覺到它們的存在，就能立即改變，等於是小看了這個既定習慣的力量，以及把新想法轉變為行為的緩慢過程。

想一想，有哪些事物可以一瞬間改變生活的。你會發現幾乎全部都是壞事：半夜打來的電話、意外事件、失去工作或摯愛的人、醫生告知的壞消息等。事實上，除了最後一秒的達陣得分、意外的財產繼承、中樂透，或是上帝顯靈之外，我們真的很難想出會有什麼突然發生的好事。

在我們的生命中，**幾乎所有創造幸福快樂的過程，都需要時間，而且通常是很長的時間**，像是學習新事物、改變舊行為、建立令人滿意的關係、養育子女等。這就是為什麼**耐心**和**決心**會是人生中最重要的美德。

◑　◑

在一個以消費為基礎的社會裡，到處瀰漫著「即時滿足」的概念。廣告不斷地向人們呈現一些畫面，暗示只要擁有某些物質產品，就可以得到幸福快樂。

廣告中，那些具有魅力的人身邊圍繞一大群朋友，似乎過得非常開心。像是暗示著我們，只要買對了車子、房子，以及喝了某個品牌的啤酒，就可以加入他們的行列。這些廣告會造成一種影響，讓我們不滿意自己擁有的東西和外貌。此外，這些廣告也在暗示人們，有個方法可以快速解決你的不滿：花錢。看到這裡，你還會奇怪為什麼有這麼多人負債嗎？

另外，還有一個東西在大肆廣告，就是各式各樣的成藥，專門解決現代人獨有的毛病。例如，常看電視的人大概都會以為，現在正流行著憂鬱症、過敏、關節炎和胃食道逆流等疾病。只要吃顆藥，就一定能輕鬆解決打噴嚏和各種疼痛。

或許是汽車、飛機，或是電話的發明使然，在科技發展中的某個時刻，我們都變成了沒有耐心的人，希望所有麻煩困難事都有速成的處理方法。

現代人運用這些科技方法，控制實體世界顯然很成功，但是套用到其他地方就有一些不好的後果。舉個例子來說，經歷過一九六〇年代的人應該都還記得，甘迺迪總統（John Kennedy）雖然點燃了火箭的引信，帶我們登上月球，卻也讓美國人陷入二十世紀中，無論在心靈、頭腦，還是科技方面，最悲壯也最昂貴的失敗：越戰。

然而，我們卻依然深受鼓舞，相信自己活在一個只要適當飲食、運動，審慎地使用肉毒桿菌和整型手術，就可以大幅延緩老化過程的世界裡。現代人對青春之泉的追求，顯示我們並沒有接受人類的共同命運。試圖消滅逐漸老化的證據，這種行為中帶著一種絕望和膚淺的成分。（有人觀察到，隨著健康生活型態的來臨，再過不久，醫院裡就會塞滿沒有疾病，只是在等待衰退至死的老人。）

人之所以為人，其中一個特徵就是，有能力思考未來。如果想要以優雅或欣然接受的態度，承受時間那令人生畏的重量，我們就必須習慣生命中不可避免的失落。**在這些失去當中，最主要的就是青春**。

若是因為變老而感到自我價值逐漸貶低，那麼我們的人生就會變成一個令人失望、沮喪的過程。人們拚命讓自己看起來、或是表現得更年輕，卻忽視了在逐漸累積的經驗中，我們得到了知識和人生閱歷作為補償。

我們的注意力極為短暫，而世事飛快地從眼前一閃而過，因此我們的記憶有限，只會專注於眼前最顯眼的部分。我們會去注意充斥在雜誌頁面中，那少數幾位最年輕、最好看、最有錢的人，雜誌還巧妙地命名為《時人》（*People*）。如果他們才是人，那其餘的我們又是誰呢？

在一個只重視名氣的世界裡（無論這些名氣是名符其實還是莫名其妙），當一個平凡無名的人又有什麼意義呢？**只要我們用擁有的物質和外貌來衡量他人和自己，人生必定是一趟沮喪的旅程，途中出現的只有貪婪、嫉妒，和想要成為別人的欲望**。

破壞只需一瞬間，但建設的過程總是緩慢且複雜。我曾是個軍人，讓我告別軍旅生涯的原因，並不是我不喜歡轟炸事物，事實上，我是怕自己太過喜歡。讓我覺悟且感到憤怒的是，跟維持生命比起來，殺人實在是愚蠢至極的舉動。人類共同的未來，將取決於殺人者和和平提倡者之間的拉扯。人們總是可以為殺戮找到理由，而且通常是宗教理由。不過，就像人生中其他事情一樣，**定義我們的是我們的行動**，而不是我們拿來合理化某件事的藉口。

輕鬆簡單和費勁努力之間的緊繃狀態，會在我們的日常生活中自行得到解決。如果我們相信轉變可以一瞬間發生、一次得分就大獲全勝，那麼人就不太可能去追求比較困難、和不能立即得到滿足的目標。雖然，那通常就是我們希望成為的那個人。

所以，這就是時間、耐心和反思，在生命中所扮演的角色。如果我們相信建設比摧毀好，存在比成名好，自己照著想要的方式過活、也要尊重別人的生活方式，那麼我們或許就有機會，慢慢地，在這兩大靜默之間，靈光乍現，找到一個滿意的形式走過我們的生命。

16

有時迂迴繞道、流浪迷惘，才能找到自己

生命中這些「遊手好閒」和「迂迴繞道」的過程，
才真正定義了我們是誰。
最重要的追尋，是沒有地圖可以引導我們的。

美國人是個直線思考的民族，我們重視看得見的目標，並尋找通往這些目標最直接的方法。教育制度將我們送上一步一步進展的道路，人們應該遵守的規則十分清楚，就是服從權威、努力工作，以及與他人合作。在教育體系的層層約束下，原創想法是極其珍貴的東西。我們被教導要完成上級交派的事務，等到熬得夠久了，就可以換我們叫別人做事。

在所有定義我們的條件之中，教育與成功的關係似乎最為密切。難怪從小我們就被督促要在學校表現優異，成功畢業就是邁向舒適人生的必備步驟。這段過程中

隱含著一個承諾：要遵守指示、取悅他人、服從規定，然後你就能得到幸福快樂。

我跟很多人聊過，尤其是男性，他們到了中年時，會感覺當初自己跟這個社會體制達成的協議，並沒有實現。他們通常都有穩定的工作，擁有自己的房子，必定已結婚娶妻，平均有二・二個小孩，卻仍然感覺莫名地迷惘。當初他們想要得到的一切，現在看來彷彿是個包袱重擔，難怪滿心想著自己究竟錯過了什麼。

在直線前進、目標導向的人生中，經常被忽略的一件事就是性生活。在這個迷戀性行為的文化裡，幾乎每個人都覺得沒有得到自己應得的那一份。這一點在男人身上特別明顯。因為社會化，他們互相競爭追求迷人的女性，而他們對自己的評價，也跟他們性生活是否獲得滿足息息相關。否則我們又該如何解釋，男人到了一定年紀，就會產生身分認同危機，導致他們紛紛搞外遇或買跑車呢？他們口中的故事多半長這樣：壓抑的青春期、早婚、不滿意的工作，以及對刺激的渴望。

◑ ◑

在一九六〇和七〇年代，有一段時期，年輕人表達青春期叛逆的方式就是「輟學」。他們對於父母追求物質所創造出的世界感到幻滅，對越戰感到疏離，所以許多年輕人乾脆拒絕追求傳統的成功之路。

老一輩的人對這種「反傳統文化」既恐懼又厭惡。因為，年輕人聽著他們無法理解的音樂，吸食他們斥責的毒品，對於性關係態度隨便，使得他們在沉痛譴責的同時又有些羨慕。

這些叛逆的年輕人長大之後，大部分都跟他們的父母一樣，成了白領階級的專業人士。但這個事實不會抹滅的，是他們在人生旅程中愉快地繞了一大圈所學到的，以及教給我們其他人的事情。

很久以前，美國詩人史蒂芬．文森．畢內特（Stephen Vincent Benét）這樣說過：

> 金錢沉重而智慧狡猾，但青春是空中飄揚的花粉，從來不問為什麼。

即使到了現在，還是有一群熱愛冒險的年輕人，願意跳下正規的教育列車，給自己一段時間去看看世界：加入軍隊或和平工作團；或是以教室裡沒有的方式來自我教育。

在人生比較中期時，轉換工作、婚姻失和、心靈探索等，也都算是某種形式的「流浪」。看似違反了常態，卻可能表現出為了追求幸福和人生意義，而願意去冒險的無限勇氣。

若在一九六〇年代，這些探索追尋有時被稱為「試圖找尋自我。」（有位家長嘲諷地說，在這段特別漫長的追尋期間，他的小孩已經有足夠時間可以找到好幾個人了。）雖然，兩個點之間最短的距離就是直線，但人生總有辦法打破幾何學原理。通常，這些「遊手好閒」和「迂迴繞道」的過程，才真正定義了我們是誰。**最重要的追尋，是沒有地圖可以引導我們的**，必須仰賴希望、機會、直覺，和接受意外的意願。

17

動人的單戀？痛苦而不浪漫的想像

我們總希望別人接納自己本來的模樣，
有時渴望太過強烈，完全忽略這份愛其實沒有得到回應。
但讓愛情擁有強大力量的，是兩情相悅。

單戀的本質，就是渴望我們無法擁有的東西。又有哪個人，沒有感受過這種椎心之痛呢？

童年和青春期的迷戀得不到回應，進而幻化為成年後我們不斷追尋的完美對象。人們總以為，世上必定有個人可以讓自己完整、肯定我們的價值，而且在老了之後，這份愛仍能持續溫暖我們。人們不斷尋覓這動人的想像，但很少會實現。

每個人都尋求好父母無條件的接納，這是情感上最根本的安全感。假如小時候我們得過這份安全感，就會希望再次得到；但假如跟多數人一樣，小時候並沒有經歷過這樣的情感，我們仍會盼望得到它，以便讓我們抵擋這個無常又冷酷的世界。

我們希望別人接納自己本來的模樣，有時這種渴望太過強烈，導致我們會把自己對愛的需求，投射到另一個人身上，完全忽略這份愛其實沒有得到回應。

◑ ◑

這當中最悲傷的形式，就是他們的情感被引導到一個根本不認識的人身上。電影明星由於他們的外表或扮演的角色，經常成為很多人愛慕的對象。他們的隱私，常受到瘋狂愛慕者的侵犯。這些愛慕者相信，只要他們能找到機會，偶像們就會回報他們的愛。有時候，這種受挫的情感會轉變為奇怪的行徑，約翰・辛克利（John Hinckley）對女星茱蒂・佛斯特（Jodie Foster）的幻想，讓我們所有人都見識到單戀的瘋狂力量（譯按：辛克利為博得茱蒂・佛斯特的青睞，不惜暗殺雷根總統未果）。

浪漫愛情與瘋狂迷戀之間的界線，常常模糊不清。主要的差別在於，迷戀只要一廂情願就夠了，它是妄想的近親，一種錯誤的信念，是心智混亂的主要症狀。愛情則不一樣了，無論這份愛是否能得到回應，都是欣賞的形式。被愛的人不會覺得自己被跟蹤，或像受到政府的騷擾般。

迷戀是一種不吸引人且自我中心的信念，而愛著一個人卻有種夢幻的、理想的成分，吸引著人們，讓我們明知沒有希望，卻還抱著希望。

與跟蹤狂那種危險迷戀只有一步之遙的，是一種「至死不渝」的愛。這種特質最常出現在家暴婦女身上，還有那些對逝去的戀情依然念念不忘、成天提起的人。我聽過很多故事的開頭都是這樣：「他傷害了我，他離開了我，但我依然愛他。」這樣的人彷彿是在昭告天下，**一個人無止盡的奉獻，可以讓別人眼中那毫無魅力的被虐狂，變得比較高貴似的。**

「一見鍾情」是另一個雖然愚蠢，但大家都很喜歡的幻想，最終也只是帶來失望罷了。突然湧現的感覺和吸引力，如此強大的精神層面幾乎使得發展友情的進程目標，大為縮短。原本這份友情可以深入成更深刻的情誼，但深刻的友情需要時間、辛勤經營，以及某些程度的理性思考。我們也可能體驗到一種情感，是比有共同興趣以及具有性吸引力，更加難以理解和解釋的感情。但這並不表示，「墜入愛河」跟在黑暗中跌落懸崖是同一回事，雖然都同樣令人頭暈目眩。

讓愛情擁有強大力量的，是**兩情相悅**。如果只是一廂情願，這種感覺或許很強烈，就像各種形式的寂寞一樣，但是它不太可能持續、也不會有結果，或是產生任何有用的行為。而且，別人對這樣的感覺也沒什麼興趣。我發現有個神祕的單身組織，叫做「無伴侶性愛」，是由許多因單戀而受盡折磨的人組成，免費申請入會，而且不須出門就可輕鬆加入。

18

最沒意義卻最常見的事——不斷做一樣的事卻期望得到不同結果

我無法提供適用於所有感情關係的答案，我只相信有效的方法。
既然你現在的方法行不通，為什麼不試試其他方法呢？

犯錯是身為人類一定會有的經驗，同樣是「嘗試錯誤學習法」（trial and error learning）的根本要素。有些錯誤的後果比較嚴重，也有少數錯誤是無可挽救的。而重複犯重樣的錯，是令人非常受挫的經驗。這種現象，在人們選擇交往對象的時候特別明顯。

有人說過，再婚表示希望戰勝經驗。大家可能會直覺性地認為，從第一次婚姻中學到的教訓，會讓第二次的選擇過程比較明智一些。但很可惜地，再婚的失敗率甚至超過年輕時第一次結婚的離婚率——五〇％。

這個數字背後代表的事實是，**即使人到了四十歲，在人生哲學和行為上，還是跟二十歲的時候一樣**。可是這並不表示，我們在這段歲月裡什麼也沒學到。事實上，大部分的人在這時都已經完成學業，工作表現更成功了。我們只是在「自己是誰」，以及「為什麼要選擇這個人」這兩件事情上，並沒有得到深刻的認識。

學習過程重視的不是累積答案，而是**找出如何提出正確的問題**。這就是為什麼心理治療會使用問與答的形式進行。跟多數人以為的不同，這並不是治療師引導患者前往已知方向的技巧。它代表的是一種**共同探索**，使用提問來進入思想與行為的動機和模式。每次詢問的過程，都要試著把過去的影響，連結到目前患者對於「自己到底想要什麼」，以及「如何得到」的想法之中。

人類的行為有很多——應該說絕大部分——都是受到潛意識的驅使。因為我們喜歡把自己認知為理性的人，所做所為都可以提出解釋的理由，所以要我們承認大部分的習慣行為，都是由自己幾乎沒有意識到的需求、欲望和經驗所決定，而且這些還跟過去的經驗息息相關，實在很令人挫敗沮喪。

舉例來說，「遺忘」的舉動，通常可以理解成我們對那件事情在無意識下的評價。你想想，為什麼牙醫診所要定期打電話給患者，提醒他們預約的時間呢？因為對多數人而言，去看牙醫是一種不愉悅的經驗，因此我們經常會「忘記」預約時間。而當我們忘記其他的事情，像是生日、週年紀念日、名字、答應過的事等……這種種行徑，也可能意味著我們難以公開承認的潛在心態。

◑ ◑

我們選擇要跟誰在一起也是如此。**人類幾乎所有的舉動，都是在表達我們如何看待自己**。沒有幾個行為是「無關自尊」的。我常常告訴患者，這個準則可以用在所有重要的人生決定上：**如果這麼做，我會對自己產生什麼感覺**？尤其是，跟這個人在一起，會讓我有什麼感覺？

你可以像傑克．尼克遜（Jack Nicholson）在《愛在心裡口難開》（*As Good as It Gets*）裡那樣說出：「妳讓我想成為一個更好的男人。」這句話嗎？

人們的重蹈覆轍，可以從家裡不斷上演的戲碼中看得最清楚，這暗示了我們長期以來都在排演。對於那些描述自己婚姻中總有類似衝突情節的人，我最常問他們的問題是：「如果你說了那句話，你覺得這段對話會怎麼繼續？」

如果追溯到爭吵的源頭，幾乎每一次都能發現命令、批評，或是直接的侮辱。可想而知，對方當然會拿出敵意來應對。

例如，最近有位患者告訴我，他的太太一大清早就在抱怨，而他的回應是：「不要再發牢騷了！」不用問也知道，那一天他們的關係就是每況愈下。當我詢問這些人，為什麼非要說出某些會導致衝突的話，他們的回答總會帶著防備或報復的口吻：「難道我沒有資格說出自己的想法嗎？」

隨著時間過去，生命中最親密的關係會變得像是權力鬥爭，而兩個人則成了**最親密的敵人**。這種例子之常見，實在叫人震驚。命運共同體的感覺沒有了，取而代之的是日復一日的戰爭。彼此賭上的似乎是自尊的存亡，而那威脅者不知道為什麼竟然就是最了解我們的人。誰會想要這樣的生活呢，時時刻刻保持高度警戒，只為了競爭那連當事人都說不清楚的目標？

但是，當有人請他們不要再做出那種批評輕蔑的評論——大部分婚姻的衝突根源——他們卻會把改變的責任，從自己身上推到「那個人」身上。這讓人不禁想到國際衝突，每個國家都想要和平，但是沒有人想要先停止報復，害怕這樣做會讓自己變得脆弱好欺負。

這種懷疑態度的核心就是**缺乏信任**，許多人際關係似乎也是如此。遇到這種狀況時，我的問題基本上都是類似這樣：「試試看你會有什麼損失嗎？」不過，得到的答案通常是：「我得試多久？」

或許比較好的問題是：「為什麼我得跟一個自己不信任的人過日子？」但很少人會問這個問題，因為它帶出這些人在一段不開心的關係中，仍共同生活這麼多年的所有理由：錢、顧慮小孩、害怕孤單，和單純的惰性使然。

令人悲傷的事實是，多數人對幸福快樂的期望很低。彷彿在人生經驗的折磨下，他們已經把所有神話範圍的概念，像是聖誕老公公或牙仙，全都給拋棄了。人們把所有持續性的喜悅感，都視為娛樂產業所提出的浪漫理想，就像百萬豪宅或噴射機一樣，跟自己的生活是毫無關聯的。這種幻滅是改變的重大障礙，因為**我們無法期待人們會願意冒著情感風險，去追求自己認為不可能的目標**。

鼓勵人們改變，是一種共享希望的練習。大部分人對改變自己的人生，無論多麼懷疑嘲諷，都還是希望孩子能得到更好的。我常常使用這個欲望來鼓勵人們嘗試新事物，運用的便是一般人的共同信念——認為孩子對人生的大部分認識，都是透過觀察父母學來的。我經常利用這個想法來說服人們，試著為了他們的孩子，建立起和善、寬容，和願意解決衝突的榜樣。

接著，就要講到重複行為會導致同樣後果的概念了。多數人都對實驗方法和因果概念，有足夠的認識及理解，假如過去的行為產生了令他們不滿意的結果，或許可以考慮使用新的方法。我比較喜歡用實際而非理論的角度來陳述這個觀念：「我無法提供適用於所有感情關係的答案，我只相信有效的方法。既然你現在的方法行不通，為什麼不試試其他方法呢？」

19

我們總是逃避，卻始終逃不掉

我彷彿在他的眼中看見悲傷，
如果我能跟他講上一會兒話就好了。
告訴他，我現在過得很好。
他一時激情留下的錯誤，如今有了美好的結果。

三十四歲那一年，我接受住院醫師的訓練，有一項任務是接受精神分析。有一天，我的心理分析師告訴我，我是被領養來的。

當時，我躺在沙發上，才剛進行完「自由聯想」（free-associating，編按：在心理分析的治療中，鼓勵患者以完全自由的方式說出任何想法、意念或記憶）。談起自己最近參加的一場研討會，與會人士中有一群小時候就被領養的成年人，他們談論起自己如何尋找親生父母。

我的分析師問我，如果我是他們會怎麼做。我回答說，當然會去尋找親生父母。接著他說：「那就開始找吧。」

「你在說什麼？我是被領養的嗎？」

「是的。」

「你怎麼會知道？」

他之所以知情，是因為和我分居的妻子去看了心理治療師。她的治療師在一場宴會上和我的分析師談話，然後問他：「李文斯頓醫師知道自己是被領養的嗎？」這種徹底違背職業道德，說出患者隱私的行為，實在叫人震驚。

我的分析師回答：「他從來沒提過。」

原來早在好幾年前，我的妻子就從某個家族朋友那聽說這個消息。但她覺得要不要告訴我這件事，理當是我父母的權利。而她和他們討論之後，他們拒絕了。於是，她把這件事告訴心理治療師，她的治療師又告訴我的分析師，而他想出了一個辦法，就是把這件事帶到精神分析的單向談話中。

我永遠感激他有勇氣這麼做。

當時，這個消息讓我倉皇失措。我的父母從來沒有提過這件事，我偶爾也會覺得奇怪，為什麼熱愛拍照的父親，從來沒有拍過我一歲以前的照片。另一件讓我疑惑的事情是，那時我的父母都住在芝加哥，我怎麼會在曼菲斯（Memphis）出生呢。父親跟我解釋，當時他在政府機關上班，他們是因為短期公差才會到田納西州。而我的出生證明文件上，清楚地記載我是由他們所生。這當然是個謊言。

在我發現自己是被領養的身世前不久，我的母親就過世了，而我跟父親談論這個話題的狀況不是很順利。我對他的欺騙感到生氣，但同時理解他心中的恐懼：如果我知道真相，就不完全是他的兒子了。

老實說，對於去尋找自己的親生父母，我覺得相當興奮。知道自己在基因上並非注定跟父親一樣不可，我鬆了一口氣。我感到自由、好奇，還有一點飄飄然的感覺。

父親不記得太多領養的細節，還發誓說他從不曉得我的真實姓名。最後證明這個說法也是假的。

◑ ◑

我前往曼菲斯，並且聘請了一位律師。他透過地方知識以及一些巧妙的方法，取得了這些年來一直被法院封存的領養紀錄。上面有我生父的名字：大衛・艾弗列德・傅爾克（David Alfred Faulk），以及生母的名字，露絲（Ruth）。

原來，當年我被遺棄在田納西兒童之家。這是個惡名昭彰的販嬰機構，由不肖法官提供法院的讓渡書，而田納西兒童之家就把孩子送到全國各地的富裕家庭。我打電話給父親，詢問他當年為了我花了多少錢。許多人都想知道自己的身價，我知道我的：五百美元。

律師要我把搜尋的任務交給他。「你不知道自己會找到什麼，有些這樣的孩子是精神病院的患者所生。」不管發現任何事和任何人，我認為自己都可以應付。我也相信，知道總比不知道好。

我找到的第一群人，是在我人生第一年照顧我的寄養家庭。開始根據曼菲斯市的電話簿打電話找人時，我手邊的線索只有一個姓氏。打到大概第十通電話，當我說明自己的身分，就聽到電話那頭的男人轉頭對某個人說：「嘿，媽，是小博打來的。」

這位女家長是個八十幾歲的老太太，我去拜訪的時候，她拿出我六個月大時的照片。她的先生經營加油站，小孩都沒有上大學。我試著想像自己現在操著一口田納西的慵懶口音，身上穿著技工的制服，名牌上寫著「博」。為了歡迎我回來，他們全家人聚在一起，並且告訴我，把我留在他們家的人是我的生母。她是密西西比州維克斯堡（Vicksburg）人。

於是，我開始打電話給維克斯堡電話簿上姓傅爾克的人家。很快地，就跟生母的姊姊通上電話。這一次，我說自己是露絲老朋友的兒子，想請問露絲在哪裡。

她的姊姊告訴我，她住在亞特蘭大市（Atlanta），在一間出版社工作。我趕到那裡，打了通電話給她，直接告訴她我是誰，想要見她一面。當公寓大門打開時，我看見一個長得跟我很像的人。她問我：「你怎麼那麼久才來？」

我的生母出身於信仰虔誠的宗教家庭。本來是位老師，結果未婚懷孕，那個男人卻不願意結婚，但是願意支付非法墮胎的費用。她斷然拒絕，獨自旅行到曼菲斯生產，然後把我留在那裡。

她說，她本來打算之後就去接我回來，但當她打電話給那個機構時，已經晚了一步。日後她終生未婚，因為「覺得自己沒有那個資格」。

她在小學教書。到了我就學年齡，便隨著我應該就讀的年級，每年更換任教班級。她從來不曾原諒自己「沒有活在當下」。知道我現在一切安好，她才鬆了一口氣。而我感謝她賜予我的生命。

當然，我也很好奇自己的生父。露絲給了我他的名字，不過，他在幾年前過世了，留下一個女兒。我找到她的住處並打電話給她，心裡想著，我本來是獨子，最後卻多了個同父異母的妹妹。她很高興接到我的來電，但原來她也是被領養的，一直想著要尋找她的親生父母。

所以，我們雖然有共同的父親，但我們算得上是親屬關係嗎？我生父的太太沒有辦法懷孕，他卻藏著親生兒子流落在外的祕密，不知道當時的他是怎麼想的？

他的女兒寄了張照片給我，這是我僅有一件關於他的東西。當下，我理解了那些父親戰死沙場的遺孤，看著自己不記得或沒見過的父親老照片，心裡是什麼樣的感覺。

我彷彿在他的眼中看見悲傷，如果能跟他講上一會兒話就好了。告訴他，我現在過得很好。他一時激情留下的錯誤，如今有了美好的結果。

如果我不能愛他，但願我能給他一些平靜。

20

對自己說謊的雜音，蒙蔽了我們的耳朵和雙眼

真相或許無法使我們自由，
但為了一時的安心而對自己說謊，則是愚蠢至極。
不根據事實來做決定的人生，注定會有缺陷。

誠實是一種珍貴的美德。在日常生活中，我們雖然要扮演各種角色，但仍會期待有個穩定的身分，隨著時間過去，充分顯現我們的核心價值。大部分的人都非常在意，在重視的人眼中，自己的形象到底如何。

在人類特質當中，沒有幾個比偽善更加令人鄙視了。

那些行為和自己宣稱的信念毫不符合之人，會成為大家嘲弄的對象。大部分讓我們拿來消遣討論的醜聞，都是言行不一者，例如通姦的牧師、虛偽的政客、吸毒的道德提倡者、戀童癖的神父等。我們

在憤怒之餘同時感到著迷好奇，並且心知肚明自己的行為和公開贊同的標準，同樣無法完全一致，這樣的罪惡感無疑是火上加油。揣測著別人若是知道了我們的真面目，又會怎麼想呢？

還有一件事比隱瞞令人尷尬的道德瑕疵更糟糕的，那就是——**找藉口允許自己繼續那些敗壞本性的行為**。我們不斷地以意外、巧合和健忘當作藉口，解釋自己不願意仔細檢驗的行為。

舉例來說，現在外遇被發現的方式，經常是其中一方從家用電腦中，找到外遇證據的電子郵件。（以往傳統的方式，是把日記留在對方可以看到的地方，而網路通訊是一種新的型態。）

人們欺騙自己的另一個方法，就是否認。那些沉溺在成癮症狀中的人，通常會堅稱他們沒有任何問題，隨時都可以戒除。這些話語卻完全不符合他們生活中悲劇般的衰退，像是酒後駕車、婚姻破裂、失去工作等。

我常常告訴這樣的人，他們覺得有必要欺騙別人，這是可以理解的，但是**欺騙自**

己，只會讓他們沒辦法進行必要的改變。

我認識一個男子，有時晚上作夢，夢到激動處就會攻擊妻子。但他卻不記得自己夢見了什麼。由於這是「意外事件」，所以他從未想過要去省思這段關係的本質。比較沒這麼戲劇化的例子是，有幾百萬對夫妻是分房睡的，因為其中一方的鼾聲太吵。當然，對於這種（真的）無意識的行為，的確沒辦法怪罪它。

◑ ◑

人們告訴自己的謊言中，傷害最大的多半是跟承諾有關。「沒有什麼會比剛許下的承諾，更美的。」一**轉眼就消失的新年新希望，早已成為陳腔濫調**。我們心中良好的意圖比路面上的石頭還多，總讓我們分心，而無法專注評估自己以及我們真正想要什麼。如果把時間花在想像某種完美的形象，或提升自我的理想上，只會耗損我們的精力，分散我們的注意力，反而無暇專注於更重要和可以達成的目標。

雖然我們不能否認，機運在人生際遇上扮演著很重要的角色。但是，把自己身上發生的所有事情都推給運氣，就是一種怠惰的表現。這再次說明，人們不喜歡為自己負責任，寧願選擇簡單的藉口開脫，也要避開困難的自我反省檢驗。這是另一種形式的自我欺騙，不會讓人有任何進步。

當然，意外總是會發生。假如有人站在空地上被雷擊中，我們當然不能責怪他；但如果他站在視線所及的唯一一棵樹下，那麼我們或許就得質疑他對雷電的常識了。

我們每天都會遇到「因愚蠢行為枉送性命」的例子，像是酒後駕車、罹患和抽菸或肥胖有關的疾病、槍枝意外走火等，這些造成傷害的事件都在提醒我們，面對自己最糟糕的衝動時，我們有多麼脆弱。

關於這些風險，人們是怎麼告訴自己的？如果我們為了他人或某個理想而犧牲生命，這是英勇的行為。但是，就像唐吉訶德的侍從桑丘潘薩（Sancho Panza）對他說的：「沒有正當理由地死去，是最大的罪過。」

真相或許無法使我們自由，但為了一時的安心而對自己說謊，則是愚蠢至極。這種欺騙跟惡意的不正直並不一樣，沒有人會因此被騙或吃虧。但是，**不根據事實來做決定的人生，注定會有缺陷**。

想要清楚無誤地看待自己，或許不可能，人難免會有找藉口合理化自己行為的時候。我想，唯有等到我們夢想中成為的自己，跟現實中的自己互相抵觸時，才會發現認知差距的雜音，已蒙蔽了我們的耳朵和雙眼。

21

「完美陌生人」神話——無法消失的恐懼與不安

尋找完美的愛，是一種嬰兒時期的行為，
也是中年恐懼的象徵。
雖然大部分時候，它沒辦法改善我們的人生……。

人生當中最常見的不滿，就是覺得自己年輕時選錯了伴侶。因而使我們產生一個不實的幻想，讓自己深信：世上的某個角落，必定有這樣的一個人，能用真愛來解救我們。出軌，這象徵著不快樂婚姻的行為，便是開始於這種錯覺。

透過某些估算數字顯示，我們可以看到：四十歲左右的已婚者中，有五〇至六五%的男性，和三五至四五%的女性，都有過外遇的經驗。

在一個以一夫一妻制為主流婚姻價值的社會裡，這些數字顯示的不只是高度虛偽，還包括我們對伴侶的嚴重不滿。

人們到底在他們的婚姻之外，尋找些什麼呢？

他們在尋找的，除了**變化**以外，就是**安心**。從某些方面來看，每一種尋求歡愉的活動，都反應出我們對死亡的恐懼。隨著年紀漸長，長保青春與永生的欲望注定得不到滿足。人們會試著找些辦法接受，其中一個反應，就是尋找一些可以滿足自尊、感覺自己還是很有魅力的事情。有什麼方法比跟新的對象發生性關係，更能達到這個目的呢？

◑ ◑

一個健全的成長過程，會讓我們帶有一種信念：相信自己具有獨一無二的價值，也堅定地認為自己是個值得被愛的人。理想上雖然應該如此，但現實中，人們常帶著程度不一的迫切，去尋找一個會無條件愛他們的人，但又暗自苦惱這樣的要求是不是太高。我們很少從配偶身上得到這樣的愛，在大部分的婚姻中，這就是不滿的來源——那些令人受盡折磨卻沒有誰會提起的不滿。

事實上，成年人之間所謂的愛，通常比較像是某種沒有明說的服務契約。以傳統來看，這種協議的默契是，男性負責財務上的穩定，而女性負責家務、滿足性需求，還有照顧小孩。

而女性主義運動使得這種契約被重新協議，包括許多女性想要出去工作，以及不願再獨自承擔養育小孩和做家務事的責任。這種朝向性別平等邁進的做法，值得讚賞。不過，也產生了一種副作用：許多婚姻瀰漫著一股怨恨和競爭的氣氛。

天底下沒有人願意自動放棄權力，我們必須自己掌握。這一點成了女性主義者的信條。可是，這種態度對於增加親密度一點幫助也沒有；再加上女性經濟獨立的能力逐漸增加，這些因素與現今每兩段婚姻，就有一段以離婚收場，可能不只是巧合而已。

從某些角度來看，這種改變似乎是好事，因為人們比較不會被困在不滿意的關係中。任何能增加選擇的社會發展，應該都是一大進步，那麼為什麼我們又有種感覺，好像失去了某個重要的東西呢？

首先，孩子受到了傷害。為了讓自己安心，我們說孩子適應父母分開，會比讓他們待在一段不幸福的婚姻中好。其實，這比較像是在為大人去追求自己的幸福，找合理藉口。有足夠的證據顯示，離婚會給孩子帶來極大的不安全感和痛苦。特別是因為多數時候，父母之間會有某種程度的怨懟和指責。對於自己的世界被搞得亂七八糟，孩子雖然能找到某種應付的方法，但絕對改變不了他們經歷的破碎與幻滅。

因為有這些後果和經濟上的考量，大部分婚外情的人並沒有打算離婚，但結果仍往往保不住婚姻。

從某個角度來看，這種現象代表著幾乎所有動物種類都會雜交。而從另一個角度看，出軌是人類表達恐懼和渴望的獨特行為。尋找完美的愛，是一種嬰兒時期的行為，也是中年恐懼的象徵。雖然大部分時候，它都沒辦法改善我們的人生，事實上還常常破壞我們的生活，但仍無法說服人們停止嘗試。

很久以前，民歌手瓊・拜亞（Joan Baez）唱過：「你逃開了，去尋找完美的陌生人……。」這首歌的名字就叫做〈悲傷之泉〉（Fountain of Sorrow）。

22

死亡，也無法讓我們的愛消失

唯有透過回憶與奉獻的練習，能讓愛克服死亡。

回憶與奉獻……

只要有它，你的心即使破碎，仍是充實的。

我是個兩度喪子的父親。在短短十三個月之內，失去了兩個兒子。大兒子自殺，小兒子死於白血病。悲痛教會我許多事，像是生命的脆弱和死亡的定局。失去最珍貴的事物，讓我們對無助、謙卑和生存好好上了一課。

揭穿了自己可以控制任何事情的幻想後，我必須決定，還有哪些問題依然值得一問。我很快就領悟到，最該問的問題是：為什麼是我的兒子？為什麼是我？——事情已經發生，問這些問題也毫無意義。想要追求公平，實在荒謬可笑。

和我同樣在受苦的同伴引導著我，這

些人當中有些是我愛的人，有些人是同樣承受不可挽回的失去。

就跟所有哀痛的人一樣，我對「結束」這個字眼產生了持久的恨意。因為它有種安慰性的暗示，說哀傷是有限的過程、總有一天會終了，我們會逐漸恢復以往。想到有一天我會到達那個階段，不再思念我的孩子，這樣的念頭令我感到厭惡，所以我決定直接把它拋在腦後。

我必須接受現實，我永遠不再是原來的那個我。心中的某個部分——或許是最好的部分，已經被切下，跟著兒子一起埋葬了。那剩下的是什麼呢？這是個值得好好思索的問題。

◑　◑

演員葛雷哥萊．畢克（Gregory Peck）在喪子多年後，某次接受訪問時說：「我不是每天想他，而是無時無刻都在想他。」隨著時間過去，這種思念的本質會開始改變，從病中與臨終受苦時的憔悴模樣，轉變為他們生命中那些溫暖柔和的時刻。

哀痛，已經成為我非常熟悉的主題。的確，有好長一段時間，它就是我生活中**唯一**

的主題。我寫了一本關於哀痛的書，試著藉此找到一條繞過它的路。

而我學到的是——沒有任何路可以繞過它，你必須穿過其中。在那段過程中，我經歷了毫無希望、想要自殺，到後來知道自己並不是孤單一人。當然，文字沒有辦法帶來安慰；但我理解到，無論是我的還是其他人的文字，都是唯一能夠表達這段歷程的方式。首先，說出的是我的絕望，最後則是一個脆弱的信念——相信我的生命還有意義。

經過了十三年，我的兒子們雖然凍結在時光之中，卻依然栩栩如生地活在我的心裡。很大程度上，我已經原諒沒有辦法拯救他們的自己。我跟自己和解，接受要在沒有他們的情況下老去。正如我曾經堅信的那樣，他們沒有辦法替我送終。我不再相信宇宙有其秩序，不再相信有個公平的上帝，但是我並未放棄對他們的愛，也沒放棄我的渴望：終有一天，我會再見到他們。

這就是希望的所在：**那些失去的愛，喚醒了我們對愛的感覺**，以前我們都不知道自己有這樣愛人的能力。這些永恆的改變，是他們留給我們的遺產，送給我們的禮物。而我們的任務，就是把這樣的愛傳遞給那些還需要我們的人。如此一來，我們便依然忠於自己對他們的回憶。

在我女兒的婚禮上，我借用作家馬克．赫爾普林（Mark Helprin）的某些想法，寫成了下面這段祝賀辭：

> 父母與子女間的愛，非常仰賴原諒。我們的不完美，讓人之所以為人；我們願意容忍家庭成員與自己，這個包容彌補了愛使我們變得如此脆弱的折磨。
>
> 在這樣歡樂的時刻，我們慶祝兩個人找到彼此，並決定攜手創造新生活的奇蹟。如果愛真的能克服死亡，那也唯有透過回憶與奉獻的練習。回憶與奉獻……只要有它，你的心即使破碎，仍是充實的。而你將能在奮戰中，堅持到最後一刻。

23

沒人喜歡聽命行事，別讓孩子變敵人

教養孩子的主要目標，除了保護安全、給他們愛之外，
就是讓他感覺到——
在這個不確定的世界裡，還是有可能幸福快樂的。

「沒有人喜歡聽命行事」，這似乎明顯到不需特別去提，可是你看看有多少親密關係的溝通，是帶著訓誡和命令的。

某些父母總說孩子不聽話，有時我會請他們記錄一下，在他們的對話中，批評或指示占了多少百分比（後者是前者的另一種形式）。我聽到的數字幾乎都是八〇到九〇%。有的時候，父母兩人之間的溝通也是同樣的數字，毫不令人意外。

當別人叫我們去做什麼事時，我們通常的反應是什麼？

對大多數人來說，最常見的反應，是從氣憤到頑強抵抗。不論我們是公然拒絕

（「我才不要做。」）或是消極抵抗（「我忘了。」）結果同樣是搞得所有人都受挫。

我們絕不是服從型的民族。大多數人的祖先，都是為了追求自由和民主，歷經危險的旅程來到這裡。為了捍衛這些理念，願意做出極大的犧牲。我們是天生注定要來質疑權威的。

話雖如此，人們卻依然喜歡告訴其他人該做什麼。一般人聽到命令會有什麼反應，這是每個人都有的基本常識。但我們對控制的欲望，還有自以為知道事情應該怎麼做的信念，壓過了這個基本常識。

做父母的尤其如此。即使是在我們這種以孩子為中心（有些人會說是迷戀孩子）的社會，我們還是覺得自己最清楚怎麼「引導」孩子，讓他們能夠發揮比一般人更好的潛力，成為優秀的學生、傑出運動員，成為另一則成功傳奇故事。

通常我會請那些起衝突的人們，**暫時不要批評**身邊的人，看看是否能夠改變氣氛。但很多人似乎都覺得這個建議太過偏激，實在令我吃驚。

他們的想法似乎是：「如果我不去批評和命令身邊的人，一定會天下大亂。家事沒有人做，碗盤堆得半天高，房間自然不會有人打掃，房子會垮掉。如果完全不管孩子的學校作業，在校表現一定會變糟糕，然後就會開始吸毒、未婚懷孕，過著犯罪者的人生。我不能讓這種事情發生！」

在心理學中，這叫做「嚴重化」（awfulizing，編按：對於負向事件後果做極端化的評估）。就是我們常說的，認為自己只要稍稍放鬆標準，或是一開始沒有注意，就會導致失敗、墮落，和文明的崩解。

人類天性的悲觀本質，可以從兒童教養理論中看出不少。例如，所謂的「兩歲惡魔期」（terrible two），就是因為嬰兒期強烈的自我中心，與父母為了教養而頻說「不可以」時，不斷起衝突的風暴期。大發脾氣的幼兒，感覺就像是在提早進行排練，預演青春期不可避免的自主權爭奪戰。父母們彼此討論這些發展階段而意會地搖頭時，彷彿帶著一種自我實現的味道。就像人生中大部分的事情一樣，我們的期待通常都會實現。

另一個看待親子衝突的觀點，認為這些衝突只是長期權力鬥爭中的小小戰役。這多半來自一個錯誤觀念：父母的主要任務是透過規矩和處罰，以及不斷地訓誡，來形塑孩子的行為。事實上，這個方法雖然有時奏效，但更常培養出與父母敵對的孩子，長大後變成對立的大人。

◑ ◑

消極抵抗，是沒有權力者的最後庇護。不能罷工的裝配線上工人，可以故意放慢製造速度。孩子因為身心比較弱小，沒辦法公開質疑父母，但是可以藉由不做爸媽叫他們做的事，來展現自己的不悅。學校成績不佳、叫他們做的家事不做、動作慢吞吞、習慣忽略指示……全都是消極抵抗的常見例子，讓父母們氣到抓狂。而父母常見的應對方法，就是堅持繼續說教、訓示和處罰，努力「讓小孩聽話」。

我常常問這些父母，他們是否真的認為問題出在孩子不懂事？他們真的相信，再說一次孩子就會聽進去嗎？還是問題出在親子關係中的強迫、重複，和批評的本質呢？

通常，那些滿心想著控制小孩的人，跟配偶之間也會有類似的難題。這種婚姻的氣氛，通常都有這樣的特色：不停爭吵、權力爭奪，以及兩人都覺得對方不聽自己說話。

同樣地，我會請他們想像一個沒有批評和命令的情境。習慣給配偶開指定事項清單的人，根本想像不出別的方法（「他什麼事都會忘記啊！」）。

由於習慣批判者，通常都是在習慣批判的家庭中長大，他們很難想像還有什麼方式可以和家人互動。要求他們這麼做，等於是期待他們改變長久以來的習慣。這需要有意識的努力，和少許的善意。在一段長期不贊同彼此，且有敵意防備的關係裡，通常很難培養出善意。繼續做自己習慣的事情，總是比較簡單，就算它顯然已經發揮不了作用。

對許多人來說，不去批評和指示身邊的人該做什麼，竟然可以過日子，這種想法簡直不可思議。如果一個人願意接受不去批評和指示，就算只有很短暫的時間，結果都會讓他們感到輕鬆不少。

相信生活一定要有紀律，就像天主教中原罪的概念，認為每個人的靈魂與生俱來就有汙點，所以必須贖罪——而且是在父母和教會的幫助下。我們必須從自己最原始的衝動中，被解救出來。服從這些權威的最初誘因，就是恐懼：「罪的工價乃是死。」（譯按：〈羅馬書〉六章二十三節）這就是為什麼最信仰基本教義派的人，對孩子的教養也最嚴格，因為，重要的不只是在世間的成功或失敗，還包括永生的靈魂。

無論我們是否有宗教信仰，每個人多少都會帶著一種幻想，認為孩子是塊空白的石板，父母得在上面刻下規矩。父母的責任，是教導他們需要的一切，好好面對可能會毀掉他們的內在衝動和外在影響。許多父母擔心自己達不到這個目標，害怕自己會失敗，孩子就會迷失。但通常，**當我們拚命要當個好老師時，傳遞給孩子的卻只有焦慮、不安，和對失敗的恐懼**。

教養孩子的主要目標，除了保護他們安全、給他們愛之外，就是要讓他感覺到——**在這個不確定的世界裡，還是有可能幸福快樂的**。我們要給他們希望。

當然，如果想要這麼做，「以身作則」會比跟他們說什麼都來得重要。假如我們可以在自己的生活中，展現出重承諾、有決心，以及樂觀的特質，那就算是盡到責任了。然後，可以把手上的教養書拿去當門擋，或充當火爐的燃料。

我們不能期待經常被批評、威嚇和說教的孩子，會對自己和未來有什麼好的看法。

24

疾病最大的優點，就是讓你從責任壓力中喘口氣

在永無止盡追求幸福快樂的途中，
每個人都要為自己的選擇負責——
這仍是促使改變非常重要的工具。

走進我辦公室的人們，都是非常悲傷痛苦的，沒有人是順道來聊天。心理治療的費用，與各種情緒障礙所承受的汙名，都使得前來尋求幫助的人，相當苦惱。

因此當我問他們，這些困難有沒有帶來任何好處時，許多人都相當驚訝。他們太習慣專注在焦慮或憂鬱引起的不適和限制上，從來沒有想過這些狀況可能帶來任何回饋。

動物心理學中有個基本原則，就是任何受到回饋強化的行為，都會持續下去；而沒有回饋的行為就會停止。

如果猴子拉槓桿會得到食物作為獎

勵的話，牠就會一直拉槓桿，就算是間歇性或不固定地給予食物，牠還是會做。但如果完全停止給予食物，隨著時間過去，牠就不再繼續拉槓桿了。人類也是這樣，我們會重複某些可以產生回報的事，只是有的時候，我們很難分辨出得到的回報是什麼。

在人生背負的所有重擔中，最麻煩的可能是對自己和我們所在乎的人負責。人們忍受令人麻木的例行公事、討厭的工作、不滿意的人際關係，全都是為了符合他們對自己的期望。當我們找不到其他緩解痛苦的途徑，其中少數能被社會接受卸下重擔的方式——便是某些形式的疾病或無行為能力——就算只有短暫的休息時間。

生病的時候，別人不會期待患者每天早起去面對厭惡的任務，反而會告訴當事人「放輕鬆點」。對某些被困在繁重義務中的人來說，生病時雖然行為能力減少和身體疼痛不適，但會因他人的期待感降低，反而鬆了一口氣。

當然，大部分的人不會用這種方式思考。他們滿心想著生病帶來的明顯缺點，並且對任何暗示他們得到的附帶收穫感到憤慨。然而，特別是當人們因此暫時脫離工作或其他責任，而鬆了口氣的情況下，真的很難說，這個「回饋」沒有強化與延長了「病人」

這個身分。

而且，一個人失能的時間愈長，疾病就愈可能變成這個人的部分身分——也就是我們看待自己的方式。這是個危險的發展，因為人們納入自我身分認同的特質，都屬於潛意識，容易抗拒改變。治療師的工作就是把這些東西帶到意識層面，才能進一步理解與處理它們。

◑ ◑

精神疾病的診斷，必然是描述性的。我們不知道讓這個人產生極度焦慮的原因，究竟是什麼。由於這種症狀多為家族性且對藥物有反應，所以可以假設它具有某些遺傳與生物的基礎。

遺傳學的研究，無疑將會釐清其中的特殊化學調節機制，但我們到時是否可能理解，為什麼兄弟姊妹甚至是雙胞胎，在經歷相同情境時，卻有不同程度的反應呢？

傳統醫學一直有個缺點，它讓多數人在面對生理疾病時，感覺更加無助。這增加了患者對醫生的依賴、提升醫生的地位，卻減少了患者本身的責任感。各種有效的身體治療方式興起，包括抗生素、手術、藥物控制症狀（例如糖尿病、高血壓，和各種賀爾蒙缺乏症）等，都加強了一種感覺：治癒只是發生在我們身上的事，而不是我們應該主動去參與的事。這種態度在那些深受生理疾病所苦的人身上，誘發出一種被動性。

同樣地，過去五十年來發現對治療焦慮、憂鬱，和精神疾病有效的藥物，也讓因這些症狀受苦的人們產生一種期待，認為只要吃顆藥，就可以有效舒緩他們的痛苦。

雖然在治療多種情緒障礙症中，藥物確實有它的地位，但使用心理治療幫助人們改變感受和行為，它的重要性始終未減。

引導好的意念轉變為實際行為、做出改變，依然是療程中長期教育過程的重點所在。這項任務的基本要素——**在永無止盡追求幸福快樂的途中，每個人都要為自己的選擇負責**——這仍是促使改變非常重要的工具。

25

你在害怕什麼，失敗？未來？竟看不見眼前的美好

人生充滿了不確定和難以預料的災難，
不要因為害怕未來和懊悔過去，
而虛擲當下可能的幸福。

我們活在一個推廣恐懼的社會裡。廣告業的工作就是加深人們的焦慮，例如：你擁有的東西多不多、外貌夠不夠體面，是否有足夠的性吸引力等。

坦白說，一個不滿足的消費者，比較可能花錢買東西。

同樣地，製作電視新聞的工作者也會用駭人聽聞的題目，來吸引民眾注意力，像是暴力犯罪、自然災害、具有威脅性的天候，還有環境中潛藏的危險等（「你喝的水安全嗎？詳情請見十一點的新聞報導」）。

定義我們是怎麼樣的人，其中一項條

件就是看我們憂慮些什麼。人生充滿了不確定和難以預料的災難，因此，幾乎所有焦慮都很容易找到正當理由。人們心中的恐懼清單冗長又多樣，隨之衍生的資訊簡直就是一場疲勞轟炸。

焦躁不安的人尤其容易產生特定的恐懼，最誇張的形式就是恐懼症（phobias）。想像一下，有人害怕去雜貨店購物、不敢搭電梯、不敢開車、不敢過橋等，更不要說搭飛機了。以上列舉的各種症狀都代表著一種常見的恐懼症，一種非理性但無能為力的恐懼。從某方面來說，因恐懼而避開這些事情的人，就像是其他人的守衛、把我們圍在裡面。使得我們的恐懼雖沒那麼明顯固定，但是也沒有比較實際。

二〇〇一年的恐怖攻擊之後，大眾反應就是個很顯著的例子，說明人們的恐懼有多麼深遠的影響。許多人紛紛賣掉股票、不再搭飛機，航空公司被迫破產倒閉。接著，又有炭疽攻擊事件（編按：二〇〇一年九月十八日，美國發生的一起生物恐怖襲擊），民眾變得害怕郵件，防毒面罩賣到供不應求。美國這個以「勇者家園」自豪的國家，頓時就像是焦慮症患者的收容所。

就在二〇〇二年，華府遭受狙擊手長達三個星期的隨機攻擊，掀起了大規模的恐慌。民眾紛紛調整自己的生活方式，學校也取消各種校外教學，把孩子留在室內。很多人都抱著這種心態：「只要能拯救一條生命，這種防範就值得了。」沒有人指出，若把這種觀念加以延伸，就會變成大家應該永遠躲在家裡、不要出門。

即使在太平盛世，人們也過度誇大了自己變成犯罪受害者的可能性。我們購買槍枝、武裝自己，來對抗想像中的入侵者，卻忽略了最可能成為槍枝受害者的，其實是我們的家人。

同時，對於真正傷害健康安樂的——吸菸、過度飲食、不繫安全帶、社會的不公不義，還有票選出來的領導人——卻沒引起我們多少焦慮。

如同恐懼症分散了人們注意力，讓我們忽略了更根本也更惱人的恐懼（例如寂寞）；或許那些讓大眾感到恐懼的事物，對國家安危來說，也有轉移焦點的類似作用。如果我們把焦點放在ＳＡＲＳ、狂牛症、殺人蜂，或是夜晚闖空門的小偷上，就比較不會去注意環境惡化或公民自由淪喪，這種似乎已經遠超出個人能力影響範圍的問題。

即使是戰爭也只影響到參戰者的家人，並沒有引起多大的焦慮。

◑ ◑

人與人之間，有種不信任的成分。我們非但沒有命運共同體的認知，也沒有大家共享繁榮資本主義的想法，反倒是表現出：只有犧牲別人、我們才能得勝的姿態，彷彿人生是一場競賽。

我們活在被控告的恐懼中。就某種程度來說，萬一出現所謂的「不良後果」，我在諮商診療的每位患者都是潛在敵人。對其他醫學專業人員，像是產科醫師、外科醫師或急診醫師等，他們犯錯的可能性和代價更高。現在醫療過失的賠償金額，已經高到有些醫師直接離開醫界了。

假如我們改變法律制度，把因為他人過失而受到傷害的補償，限制在經濟上的損害賠償，會發生什麼狀況呢？

若過失實在太離譜，有必要處罰公司的話，那筆錢可以當作是一筆罰鍰。不是賠給個人或他的律師，而是充當「不幸基金」的一部分，用來補償並非因為任何人的錯誤，但面臨高額開銷的人（好比，生下先天性異常嬰兒的父母、因犯罪行為或天然災害而產生的受害者）。這當然比只有贏得「訴訟樂透」的少數人拿到賠償，來得更加公平也更有同情心。

這樣的制度會強化一種信念，那就是**我們共同承擔著人生中不可避免的無常與風險**。這肯定是更加公正的認知與做法，雖然我們可以得到經濟損失的補償，但是不管多少錢都無法（或不應該），補償我們共同命運（common fate）中的隨機災害。

◑　◑

我們常會看到一些人，他們不怎麼努力，或是根本沒努力或沒能力，卻輕而易舉得到成功，像是富二代、樂透中獎人、實境節目的參與者、沒有才華的藝人等。長久下來自然會扭曲我們的價值觀，分不清事物真正的價值或什麼才能持久。相較之下，我們的生活和人際關係將變得平凡乏味。

如果說我們的流行文化指標有瑕疵，那麼政治領袖也沒有好到可以激勵人心。民眾選出來的領導人，所展現出的智慧與正直程度都很一般。事實上，我們的政治制度有時候看起來，似乎是設計用來選出有自戀傾向和渴望權力的人，這些特質遠超過他們對人民福祉的關心。

然而，對於這些真正威脅到幸福安樂的事，我們不但不害怕，還很輕易被說服，以為最大的危險來自某個國家，那裡的人對我們不懷好意。我們太容易被恐懼操縱，以至於相信人類的問題得用軍事手段解決。我們就像只有一把槌子的木匠，在我們眼中，所有問題都像個釘子，只會拿槌子解決。

雖然，恐懼的經驗並不愉快，但只要將它**化成行動**，便能保護我們免於傷害。這樣一來，它就屬於可以適應的情緒。但要做到這一點，就必須先辨識出何謂真正的威脅。我們需要正確的資訊，以及把資訊變成有用知識的能力。若是被信任的消息來源（政府）欺騙，或是資訊來源（新聞媒體）可以從我們的恐懼中獲利，那就難怪人們花了大把時間，在擔心遙遠的威脅（像是受病毒汙染的郵件），卻忽略了全球暖化這種真正的風險。

我們私人的生活也是如此。**恐懼和欲望是硬幣的兩面，我們多數的作為，都是因為**

害怕失敗所做。最主要的例子就是追求物質財富，這也是推動經濟的動力，以及有所成就的表現。可是，這種努力對大部分人來說缺乏終極意義，只會讓我們轉移注意力，忽略那些能提供長久樂趣與滿足感的人事物。

沒有人會在臨終時，懊悔自己應該花更多時間待在辦公室工作，如果這是真的，表示我們現在應該把心力放到哪裡去呢？

我們大部分的行動，都是受到貪婪與競爭的驅使。成功的企業家是美國成功故事的典範，唐諾．川普（Donald Trump，編按：幾度瀕臨破產卻奇蹟似起死回生，為美國第四十五任總統）早已成為文化指標。商業上的成就似乎證實了達爾文「適者生存」的概念。相較於工作帶來的財富，工作的品質或益處變得一點也不重要了。

恐懼，短期來說固然有效，但對於產生持久的改變卻沒什麼用。利用恐懼作為行為動機，忽略了一個事實，就是——**沒有任何欲望會比追求幸福和為自尊奮鬥更強烈**。如果能找到方法，讓人們朝著這些方向移動：更好的工作、教育、改善生活的機會，以及感受到公平社會、充滿機會，那麼毒品帶來的誘惑和短暫狂喜就會失去吸引力。懲罰

「毒品供應方」的做法沒有奏效，只有透過向絕望的人強調治療和其他的社會選擇，以此降低他們對毒品的需求，我們才有機會在這場短暫歡愉與長期滿足的角力戰中，獲得勝利。

把我們的恐懼加總起來，就能知道在隨機的意外面前，我們有多麼脆弱，並且確信人終將一死。假如，我們可以從某些宗教信仰的永生承諾裡，得到安慰與意義，那會好過許多。但就算是懷疑論者，也能學著珍惜短暫生命中的歡樂時刻。

讓我們這麼做的並不是否定，而是**勇氣**。以及**不願意因為害怕未來和懊悔過去，而虛擲了當下可能的幸福**。

26

我們能給孩子最大的禮物——相信自己可以得到幸福

儘管人生短暫，災禍難以預料，
我們仍能振作起來，盡可能地享受人生。
這樣的人們和勇氣的終極表現，是真正的奇蹟呀！

我女兒念的那所大學，每到驪歌響起的季節，校刊的畢業專區，就會有一個版面放上畢業生的兒時照片，一旁附上父母的簡短感言。幾乎所有留言都是差不多的意思：「我們非常以你為傲。」

在這樣的時刻，這種話似乎是自然的情緒流露，但我的感覺是，在這種以孩子為傲的情緒中，還帶著一定程度的自我滿足。彷彿昭告世人，我們把為人父母的角色做得極好。

人們竟然把孩子得到的某些成就，當作是自己的功勞。我對這一點感到震驚。因為在診療工作中，我看到了硬幣的另一面：有些孩子過得並不好，他們吸毒、犯法，或墮落於生活中某個地方。這些父母的心裡充滿了愧疚（「我們到底做錯了什麼？」），孩子們的痛苦掙扎，彷彿是自己不夠努力所造成。你很少看到汽車保險桿上的貼紙寫著：我的小孩在勒戒所。

如果有人以為，我們要為孩子的成功或失敗負起全責，或大部分的責任，這無疑是種**自戀的迷思**。當然，虐待孩子的父母，無論是發生在生理上、心理上，或性方面的虐待，都會對孩子造成嚴重且持久的傷害。但是，這並不表示那些盡到基本義務的父母——疼愛孩子、提供穩定教養環境讓孩子成長——就要對孩子努力的成果負責。

每個孩子都是**獨立的個體**，他們的成功與失敗，主要取決於他們怎麼過自己的人生。而且無論這些決定是好是壞。

父母可以試著把自己覺得重要的價值觀和行為教給他們，不過，真正把我們心中信念傳達給孩子的，還是大人的所作所為。至於孩子要不要把這些價值觀融入自己的生活，就是他們的選擇了。

孩子其實很能嗅出虛偽的氣息。在青少年間廣受歡迎的《麥田捕手》（*The Catcher*

in the Rye，編按：書中主角對於虛偽社會的厭惡與抵抗，觸動許多青少年騷亂不安的心靈），就證實了這一點。如果我們言行不一、明顯的自相矛盾，孩子們不但會發現，而且對此行為發出譏諷和嘲笑。但身為獨立的個體，要怎麼把童年看到或學到的東西融入自己人生，背負主要責任的終究還是他們。

◑ ◑

焦慮是會傳染的。孩子會從父母身上感覺到焦慮，並且受到影響。早在他們年紀尚小，還不會用言語表達自己從周遭人身上感覺到的情緒時，就已經開始。

對大部分的新手父母來說，把一個孩子帶進自己的生活，過程既複雜又充滿不確定性。像是生理需求，尤其是睡眠習慣的改變，就夠困難的；更何況還會擔心自己「做得對不對」，都是自然不過的事。資訊和支援來源的品質不一，我們的父母可能有實用的建議，也可能沒有；而各種教養書裡的建議通常互相衝突（例如，「寶寶哭的時候要不要抱」這個議題的辯論始終存在）。

許多專家最主要的爭論議題，就是「紀律」。如同大部分的核心信念，它也帶有一點政治暗示。保守的做法是認為小孩天生就自我中心，所以需要設定嚴格的規矩，讓孩子「社會化」，一旦違反規矩就要處罰。這套主張的概念是，撫養小孩是一連串的權力爭奪，父母非贏不可。因此，利用自己較強大的心理狀態和生理優勢來確保勝利，是正當手段。

許多建議都是教導孩子懂禮貌與服從，以及父母要怎麼抑制他們不顧一切、不負責任、恣意追求玩樂的自然傾向，來避免家庭瓦解的可能。當然，這種看法表現出基本教義派的概念，認為人生下來就有罪，必須透過嚴格的教養規範才能控制他們（「汝不可……」）。

其實，父母可以換個方式（世界上有非常多的方法），採用不那麼僵化、更樂觀的想法——只要給予愛和支持，多數孩子都能成長為快樂、有生產力的成人；無論父母採用什麼樣的撫養理論，他們都能成為獨立的大人。

這套比較輕鬆的方法，是試著在孩子的行為上建立「合理限制」，較不會引起衝突和怨恨。要知道，教養的成功與否，並不在於誰一定是對的，或誰一定知道所有事情的答案。最重要的是不要打孩子，因為體罰帶給他們的主要教訓，只有恐懼和暴力。

這些年來，我觀察到一件重要的事：在各種教養方式下，從獨裁到自由的作風，孩子都好好地長大成人了。重點是，讓孩子**感受到愛與尊重**就行了。

父母必須制定限制，尤其是跟人身安全與侵犯行為有關的問題。與此同時，家人之間那些耗盡幸福快樂、導致毀滅性權力爭鬥的對抗，大多數都是來自父母執著於控制一切的行為。他們焦慮地認為，孩子與犯罪人生之間的區隔，必須由他們全權指引。當父母滿心想著無足輕重的小事，像是吃什麼食物和房間整潔程度……就會產生親子間無盡的衝突。

只要在機場待上一段時間，你就會知道縱容任性妄為的孩子，會有什麼缺點。問題變成是，如何尊重他人的權利，又不要施展毫無意義、建築在恐懼之上的權威，因為這些最終只會產生怨恨與消極的抵抗。

就跟生命中的許多事情一樣，危險存在於極端之中。獨裁和縱容看起來雖然像是光譜的兩極，但其實更像是一個圓。例如，小孩在嚴格掌控的家庭中長大，只學習到遵守嚴格的外在規矩，內在的自我修養卻極差。相反地，在沒什麼限制的教養中成長，孩子也沒有辦法學習到與他人自在相處的必要規則。

身為父母的主要任務，除了好好照顧孩子生理和情緒上的健康安樂外，就是讓孩子知道，**這個世界雖不完美，但儘管如此，還是可能得到幸福快樂**。父母只能透過身教來完成這項任務，因為在孩子眼中，我們做的事情比說的話深刻許多。

所以，當父母深信自己最重要的角色是塑造孩子未來，而來問我：「我可以做些什麼，確保孩子長大以後會有成就？」

他們通常會很訝異我這樣回答：「你能做的不多，但或許可以**減少爭執次數、不要試著控制孩子的每個決定**。這樣做，可以讓每個人現在過得更開心。」

父母如何把自己最深的恐懼加諸在孩子身上，最鮮明的例子，就是「陌生人誘拐兒童」這個議題所產生的歇斯底里。雖然，美國每年被陌生人帶走的兒童不到兩百個，但購物中心只要舉辦「兒童安全」講座，看到宣傳的父母便會蜂擁而至。活動最後通常會留下孩子的指紋和照片，當他們好奇詢問這麼做的理由時，父母卻很難誠實回答：這樣一來，萬一你被綁架時，我們才能確認你的屍體。你真的認為孩子無法感知到這種恐懼嗎？與此同時，美國每年有三千四百名兒童死於交通事故，還有超過三千名兒童死於槍火之下。

◑　◑

遇見悲觀的年輕人總是讓人無比沮喪，明明年紀輕輕，卻已經認定自己的人生沒有希望。他們到底是從何處得到這樣的想法？一般來說，不會是從報紙上讀到的吧。

當人們想要為自己的憤世嫉俗進行辯解時，總能找到一大堆證據。只要檢視我們的人生或周遭的世界，並不難找到例子支持所有事情都愈來愈糟的想法。壞消息本來就比好消息有意思，所以我們每天都沉浸在悲劇、混亂，以及人類可以墮落到什麼程度的故事中。

天啊，我們居然沒有全體得到憂鬱症（事實上，只有一五至二〇％的人患有憂鬱症），有時還真令人驚訝呢。

活在這樣的世界，人要怎麼感到快樂呢？

以正面態度否定現實當然有幫助，但真正的祕訣在於——選擇性的注意。在這樣一個充斥著不幸的世界，如果將自己的意識和能量專注在帶來歡樂與滿足的人事物上，我們就有極大的可能活得快樂。

儘管人生短暫，災禍難以預料，我們仍能振作起來（雖然起起落落），盡可能地享受人生。這樣的人們和勇氣的終極表現，是真正的奇蹟呀。只要我們有能力做到這一點，彼此和樂相處，就是給孩子最實用的榜樣。生活中帶點幽默感，也會很有幫助的。

27

真正的天堂，是我們已經失去的那些

記憶，並不是過去經驗的正確副本。
它其實是我們講給自己聽的故事，
充滿了扭曲的現實、一廂情願的想法，以及沒有實現的夢想。

許多人會懷念美好的過往，這通常不是什麼壞事。但是，回憶有可能妨礙我們對接受現實的努力。當人們滿懷感觸地述說以前種種事物多麼精采，幾乎與現在發生的事實相反，便反映出他們對未來感到憂心與失望。

在我們的記憶中，過去物價便宜、犯罪事件較少、人們比較友善也值得信任、人際關係比較長久、家人關係比較親密、小孩子比較有教養，連音樂都比較好聽。

我的父母經歷過一九三〇年代的經濟大蕭條，銀行倒閉使他們失去了畢生積蓄，過著僅能餬口的日子。然而到了晚年時，這段經歷也蒙上了浪漫的色調，他們回憶起當時的鄰居都會互相扶持，幫助彼此度過難關。相較之下，年紀漸長後，身邊所見卻盡是些自私自利的人。

事實上，以前的一切並沒有真的比較好。戰爭和種族屠殺跟今日一樣普遍，孩童經常死於傳染病，犯罪與貧窮隨處可見。總的來說，在人類歷史中，從沒有哪個時期的人是比較善良正直的。

在我們試圖與自己過去和解時，會把生命看作是一段不斷醒悟的過程。我們渴望年輕時期的舒適幻象能帶來一些安全感；牢記著初戀時那令人無法呼吸的癡迷；懊悔自己的錯誤所導致的混亂，正直本性做出的妥協，以及當初沒有做的事情。隨著我們的身體和精神日漸衰弱，這段不完美人生所累積的重擔，也愈來愈難以承受。**緬懷過往，只是選擇性地記住年輕時的事蹟罷了**。

◑ ◑

幾年前，我出席一位同事的喪禮。他是個令人敬佩的人，對人相當體貼，也是位好醫生。

有位致辭者者提到他有「絕佳的幽默感」，我不禁轉頭問坐在隔壁的朋友：「約翰很幽默嗎？」若真是如此，認識他那麼多年，我怎麼都沒有發現。我在想，這項深受歡迎的特質，是否可以像頒發獎章給陣亡的軍人一樣，死後才追封給亡者呢？

每次去參加熟人的喪禮時，我都會對悼辭中描繪的那個人物形象感到詫異。他們那不甚完美的人性，在歌功頌德的描述中幾乎不復存在。這些話語原本的用意是為了安慰在世者，到最後卻只有過度美化亡者的人生而已。

儘管一個人並不完美，但我們願意深入認識並且付出所愛，甚至因為他們的不完美，而更加愛他們。要做到這樣的行為，需要認可與寬恕，而這兩者都是成熟情感的重要指標。更重要的是，如果我們可以為他人做到這些，就可以這樣對待自己。

人之所以為人，正是因為我們會犯錯，以及充滿不確定性。我們面對的恆久挑戰，並不是在自己或他人身上尋找完美，而是**在這樣不完美的世界裡**，**努力找到開心活著的方法**。如果我們對過去存有不實的幻想，必定對當下感到不滿，反而會妨礙追求快樂的努力。

記憶，並不像許多人以為的那樣，是過去經驗的正確副本。它其實是我們講給自己聽的故事，充滿了扭曲的現實、一廂情願的想法，以及沒有實現的夢想。

任何參加過高中或大學同學會的人，都可以證實記憶的選擇性和變化性。明明是共同經歷的回憶，每個人的版本怎麼會有如此大的差異呢？答案當然是因為我們記得的內容和記憶的方式，全看那件事對我們有什麼意義，以及我們有多想從這些人生經驗中，建構出一段頭尾連貫的故事。這樣的舉動，反映出我們對自己的看法，還有我們如何成為現在的自己，或是說我們希望自己過去是什麼樣子。

我經常聽到人們說，跟兄弟姊妹一起回想小時候的事情時，大家想起的內容差異之大，讓他們感到訝異。即使是在同一個屋簷下、被同樣父母撫養長大的手足，對於發生過的事情，也常常留下內容迥異的記憶。一個人記得虐待事件，另一個卻否認有這樣的事。這些相差甚遠的記憶，會引發許多挫折與怨恨的情緒，理由很簡單，因為人們現在看待自己的方式不同了。於是，對於自己怎麼走到這一步的，自然產生不同的描述。

我們都不願意修正自己的神話。冷酷或動粗的父親、控制狂的母親、夫妻爭吵和分離，全都紛紛浮上檯面。我們都有這樣的觀念，認為自己的命運是童年經驗塑造出來的。我看過一張海報，畫面背景是體育館中有著三三兩兩的人群，後方有一面橫幅布條寫著：「在正常家庭中長大的人」。

相對地，我也聽過一些完美的成長故事，簡直就像電視劇《天才小麻煩》（*Leave It to Beaver*，編按：美國五〇年代電視影集，以某個中產階級家庭為劇情中心）中那個模範家庭的翻版。在這些版本中的童年往事，父母充滿了愛與關懷，幾乎沒有對彼此和孩子說過半句不好聽的話。而我對此抱持著專業的懷疑態度，經常引起他們的怨恨不滿，彷彿我偷走了什麼珍貴的東西似的。

而其他破散結局的親密關係，也是我們變得小心翼翼或不信任人的原因之一，讓我們內心不願再次冒險。或許更具破壞性的，是那些關於「離開的人」的記憶。許多人的前塵往事中，都有一個懊悔難忘的人。他們會把後來的每段關係都拿來和這個人比較，這個對象可能是已經不在的父母、初戀情人，或是一個朋友。他們的完美，就像喪禮中的追悼辭，是選擇性記憶的發揮，再也無法以日常的接觸進行驗證。他們存在於某種令人心煩意亂的夢境中，現實生活中的每個人都無法與之比擬。

嚮往過去的天堂，會使我們分心，無法努力找出當下的歡樂和意義。而這樣的懷舊之情，也對身邊沒有參與我們黃金青春時期的人，發出一項訊息：彷彿他們生活在較差的世界裡，而且每況愈下。但是，當自身的力量衰退，我們愈來愈需要他人的善意與關懷之時，發送這樣的訊息似乎是不智的。

年輕人看待年長者的情緒，通常是夾雜著義務、輕視和恐懼。他們會問自己，以後我也會變成這樣嗎？我會不會不斷地抱怨身體不適，又不斷懷念那段美好的舊日時光？豁達地面對死亡已經夠困難，還要經歷總是伴隨著年老而產生的憂鬱。「好消息是平均壽命延長了；壞消息是那些多出來的時光都掛在年老的那一邊。」

◑ ◑

每個人都有過這種經驗，巧遇多年不見的友人，卻因為他和記憶中的那個人落差太大而感到訝異。這不僅是我們以為的：人會隨著時間改變而已；當我們回到童年時的家，通常會驚嘆屋子看起來怎麼那麼小，當然這是因為——我們長大了。

當美國專欄作家羅素．貝克（Russell Baker）首次交出年輕時代的回憶錄《成長》（*Growing Up*）時，竟被出版社退稿了，理由是內容太無聊。於是他告訴太太：「我現在要上樓去瞎掰我的人生故事。」結果他寫了一本暢銷書，而且內容跟初版一樣真實。

每個人在陳述自己的過往故事時，都有同樣的自由，有權美化或醜化生命中的每一個角色。我們只需要知道這兩種選擇，都是在反映目前的需求，以及此刻要怎麼看待自己。同時理解到，自己有能力為過去塗上快樂或悲傷的色彩。

如果人們沒有能力看清過去，很可能會因此承認，緊抓著浪漫版本的過去只是一個破壞現實的方法。當我們年歲漸長就會明白，要達到極致的完美或幸福，機會其實很渺茫。但我們可以選擇接受與享受生活中擁有的一切。亦或是嚮往一段比較單純的時光，那時的經驗有限，一切似乎充滿可能、前方有無窮的希望。這就是我們真正渴望重返的天真樂觀。縱使眼前面對的是，有限的時間和機會令人沉重沮喪。

那些錯過的風景不時縈繞心頭，尤其懊悔與完美的戀人擦身而過。隨著年齡增長，身體開始背叛我們，我們的意見也僵化成固執的偏見。從不值得羨慕的遲暮之處，回望年輕時代的樂土，那時的我們眺望未來，無限的可能比確定已知更加重要。那正是我們希望喚回的情懷，而讓我們始終不解的是，過往回憶為何變成此刻的詛咒。

所以，當我們的人生日薄西山，恢復希望最好的辦法是什麼呢？

我們可以培養宗教信仰，期待它承諾的永生，並與所愛的逝者重聚。或者，接受不可知論（agnosticism），臣服於未知中，並試著在生與死、夢想與絕望，以及未得應許的禱告中那暗藏令人心碎的謎團……在無窮無盡的生存裡，努力想像出一些意義來。

28

你上次開懷大笑是什麼時候？所有勇敢中，最強大的能力

充分體驗生活中常見的悲傷和荒謬，
並且找到繼續生活的理由，就是一種勇氣的行為。
鼓舞的力量就來自我們愛和笑的能力。

請恕我直言，雖然有個概念叫做「正反情感並存的情緒」（ambivalence，矛盾心態），但事實上，人很難同時抱持著兩種情緒。

例如說，緩解焦慮的一個標準做法：深層肌肉放鬆法。教導焦慮者如何放鬆骨骼肌，下次當他們發現自己又習慣性地陷入焦慮情境，開始冒汗、心跳加速、過度換氣，感覺自己好像快不行了……一旦出現這些標準的恐慌症症狀時，就有辦法幫助自己了。

有個非常有意義的問題，你可以問問那些受憂鬱症所困的人，上一次開懷大笑

是什麼時候。或是問問他們的家人更有用，請家人試著回想一下，上一次看到患者開心的樣子是何時。而我通常聽到的答案，從幾個月到幾年不等。

那又如何呢？生活中的笑聲到底有什麼大不了的？

有些人只把幽默感當成嚴肅生活中的小小插曲，而非快樂人生的重要元素和指標。假如你問人們，他們有沒有幽默感？即使是在他們憂鬱沮喪的時候，一貫的答案都是「有」。（除此之外，幾乎所有人都認為自己是個好駕駛，儘管有大量證據顯示事實正好相反。）

若是有人說自己富有幽默感，看起來卻特別陰鬱，有時我會請他講個笑話來聽聽。我知道，這對很多人來說是個不太公平的要求，因為每個人留意和記憶有趣事物的能力本來就不同。許多人根本不知道該說什麼好，所以就換我講一個笑話給他們聽，比如最近英國網站票選出來的「全球最好笑的故事」：

兩個紐澤西獵人一同穿越森林。突然之間，其中一個人倒了下來，沒有呼吸。另一個人馬上掏出手機撥給九一一，他告訴電話那一頭的人：「我的朋友死了！」

她回答：「先鎮定下來，我可以幫助你。首先，你必須確認他真的死了。」經過片刻沉默，她聽見一聲槍響。那個獵人又拿起了電話：「好了，接下來呢？」

聽完這個故事的人們，反應各不相同。有些人不習慣從事物中找出有趣的部分，以致失去對事物驚奇的能力——而這正是幽默的本質。至於其他人，單純就是沒有心理準備，誰會想到一個精神科醫師竟會試著逗樂他們。

有時候，我會給那些嚴重缺乏幽默感的人一個家庭作業，請他們在下次諮商前，想出一個好笑的故事。

當人們面對深沉的絕望和焦慮而尋求治療時，這一切看似瑣碎不重要。但是，幽默感在生命中之所以有強大的力量，是因為人類不同於其他動物的兩個特徵裡，其中一項就是笑的能力。另一個，就是我們已經知道的，思考自己死亡的能力。

這兩項獨特的人類特質之間有一種聯繫，直指生命中巨大矛盾的核心：即使面對必然會結束的生命，我們還是有可能活得快樂。讓人們做到這一點的，不只是我們懂得所謂的「以健康心態否定現實」。所有的幽默感，在某種程度上都是針對人類的處境。自我調侃，就是承認我們為了阻擋時間掠奪，所做的所有努力都是徒勞，就像那個紐澤西獵人一樣。我們被種種不可控制的力量箝制，通常也包括了自己的愚蠢，然而，我們始終不放棄。

充分體驗生活中常見的悲傷和荒謬，並且找到繼續生活的理由，就是一種勇氣的行為。鼓舞的力量就來自我們愛和笑的能力。最重要的是，當我們在面對生存這個重大問題時，必定會感覺到人生的不確定，若要接受無常及不安，就需要**培養體驗快樂時刻的能耐**。在這個意義上，所有幽默可說是「絞架幽默」（gallows humor）——在死亡面前，我們面帶微笑。

有大量證據顯示幽默感是有療效的。

美國編輯暨作家諾曼・卡森斯（Norman Cousins），特別寫了一本書講述自己的親身經歷（編按：一九七九年出版的《笑退病魔》〔*Anatomy of an Illness*〕）。他靠著觀賞馬克斯兄弟（Marx Brothers）的老喜劇片，治癒了難以診斷且令人身心耗弱的怪病。這種說法其實很合理，因為笑能帶動體內的化學變化，具備有益健康的效果。而樂觀、有自癒效果的心態優點很多，有益健康只是眾所皆知的其中一項而已。

有一種理論主張，我們對各種病痛的想法和感覺，足以影響恢復的程度。這些理論的核心就是——心靈和身體會交互影響。早在現代科學出現以前，各種信心治療師就會鼓舞病人，以樂觀的態度對抗疾病。這種方法的效果，當然不在話下。

直到現在，人們還是會前往法國的療癒聖地盧爾德（Lourdes，編按：天主教著名的朝聖地），天然洞穴外成堆的枴杖和輪椅，就證實了信仰的力量。當然，你在那裡看不見被丟棄的義肢，所謂的「奇蹟」畢竟有極限。這裡發生的，是某種形式的加速療癒，全看信仰者有多相信神可以治癒他們的疾病。不過，這些結果已經堪稱普遍的奇蹟了。

◑ ◑

幽默也是一種分享的形式，一種人與人之間的活動。分享歡笑，肯定了我們在人生這條船上同舟共濟。大海環繞著我們，無法確定是否有任何救援，試圖自我控制只是個妄想，但我們仍然繼續航行——攜手前進。

最近我見到一位患者和他的太太，她抱怨說：「他再也不笑了。」他也同意：「我的幽默感不見了。」他們最近剛旅行回來，她的錢包和信用卡都遺失了。我說：「我太太也發生了同樣的事，她的信用卡被偷了，但是我還沒去掛失，因為小偷沒有她花得凶。」我的患者聽了哈哈大笑。當我把這個故事轉述給太太聽時，她卻笑不出來。

悲觀的人，就跟疑病症（hypochondriacs，編按：擔心自己罹患極為嚴重的疾病）的患者一樣，從長遠的觀點來看，都是對的——沒有人能活著離開這個地方。

不過，悲觀就跟別的態度一樣，含有大量自我實現的預言成分。如果我們用懷疑或敵對的態度跟人相處，他們很可能也會用同樣的態度回應，無形中驗證了我們低落的期望。幸好，反之亦然。

但是，就跟所有法則一樣，總有例外存在，我們碰到的人未必都像鏡子般反射出我們的態度。假如，習慣性的樂觀也無法對抗偶爾的失望，那麼習慣性的悲觀，就是絕望的近親了。

初次見面時，我們通常會微笑以對。這麼做，傳達的不只是友善而已。微笑展示了「好的幽默感」，代表我們承認存在於共同人性中的戲謔：**事情或許很慘，但不需要看得太嚴重**。

29

無論情況多麼絕望，人們永遠不會沒有選擇

每個生命都包含著某種失落。
怎麼應對這些失去，決定我們是什麼樣的人。
當我們行使的選擇愈多，就愈可能得到快樂！

任何形式的情緒障礙都有一個顯著的特徵，那就是他們多少都有些**壓抑**。飽受憂鬱症、焦慮症、躁鬱症，或思覺失調症折磨的人們，在世界上無法正常地自由運作，必須調整行為來遷就疾病。

當我們憂鬱沮喪時，總會無精打采、難以專注。低落的情緒，會導致我們遠離以前令自己愉快的人事物，就連工作的能力也受到波及。在某些極端的案例中，甚至會失去活下去的意願。

同樣地，過度焦慮也時常導致各種迴避行為，試圖減少內心的擔憂和緊張。在一些重大的精神疾病案例中，比如躁鬱症

或思覺失調症，因為缺乏接觸現實世界，而無法自在地參與這個世界。

以上提到的所有狀況都有生物學基礎，這就是為什麼藥物通常都會奏效的原因。然而，當病況嚴重到難以正常運作，人際關係也受到影響時，採取行為方面的治療也很重要。當一個人的生活已經受到焦慮箝制時，就必須下定決心，勇敢面對恐懼，不能再一味讓步。這個方法展現了處理焦慮的主要原則：**逃避只會使情況更糟，面對才能逐步改善它**。

至於憂鬱症，需要改變的行為，通常都是克服一定程度的惰性和疲勞，去做一些讓自己感覺好一點的事情。要知道，當一個人沮喪悲觀，感覺自己毫無價值時，要求他這麼做是很困難的。

不過，即使是與現實連結相當薄弱的人，也不是一直都處在這種狀態。對這些人來說，他們會非常努力改變，利用藥物帶來的好處，盡可能過正常日子。面對慢性精神疾病患者，強大且資訊充足的家庭支持，是至關重大的。

我在工作中學到跟愛有關，最動人深刻的心得，都是透過罹患了阿茲海默症、思覺失調症，或其他只會逐漸惡化的失能症患者，他們的父母、配偶和子女教我的。大部分的英勇勳章，都是獎勵人們一時的英勇表現。而那些日復一日、無怨無悔照料著失能家人的親屬，卻很少被提及，但在我的心裡，他們已經贏得了天堂的一席之地。無論那天堂到底在哪。

◑ ◑

我最近參加了一場研討會，有位主講人講述慢性疾病帶來的負擔，並且提到一個他覺得相當不錯的殘障人士服務組織。當他停頓、試著回想組織的名稱時，一位坐輪椅男士的聲音迴盪在廣大的演講廳：「還……沒……死！」

講者立刻回應：「對！就是這個！」

這樣的決心，值得所有人學習。並不單純是因為我們還算幸運，有些人的負擔比我們沉重，而是每個生命都包含著某種失落，無法逃避。**怎麼應對這些失去，決定了我們是什麼樣的人**。

「體恤之友」（The Compassionate Friends）是喪子雙親所組成的支持團體。許多痛失親人的人都說，有人會出於好意告訴他們：「我不知道你是怎麼撐下去的，如果是我，我不確定自己是否承受得住。」這句話，本意應該是句恭維，卻讓這些悲痛的父母產生某種苦澀的可笑。我們有得選擇嗎？難不成我們也要去死，拋下那些仍然依賴著我們的人才行？

很多時候，我們寧可放棄自己的生命，也不想繼續活在失去摯愛的人生裡。可是，我們得不到這樣的解脫，只能扛起必須承受的，繼續堅持下去。

心理健康，就是我們可以選擇的狀態。**當我們行使的選擇愈多，就愈可能得到快樂**。那些重病或消沉沮喪的人，都因為選擇受限而受盡折磨。有時候是因為受到外在環境或疾病的限制，但更常見的是受到自己的各種限制。以這一點來說，最主要的變因還是對風險的耐受度。

倘若我們聽了心中恐懼的勸告——尤其是對改變的恐懼——那麼要選擇一個讓自己快樂的人生，就很困難了。

限制我們的，到底是焦慮還是缺乏想像力呢？

無論情況多麼絕望，人們永遠不會沒有選擇。這就是心理治療最重要的本質——儘管人的負擔如此沉重，也不必向絕望屈服；只要謹記一個信念：我們沒有失去一切，仍有翻轉的機會。我們可還沒死呢！

30

原諒是一種放手，是送給自己的禮物

寬恕，經常會與遺忘或和解混淆，但兩者並不相同。
原諒不是一件為他人做的事，而是送給自己的禮物。
就像所有真正的療癒一樣……。

人生可以看做是一連串的割捨，為了我們最終捨棄人間軀殼而預先做的排演。既然如此，人為什麼那麼難以切割過往呢？因為回憶無論好壞，都能帶給我們一種持續感。它把過去許多個我，跟現在暫居在這個不斷改變的肉體裡的我，連結在一起。

讓每個人得以獨一無二的各種習慣和制約，就像個陀螺儀（gyroscope），可以預測我們對生活的反應。這對自己和想要認識我們的人，都相當有價值。過往的種種，如同是船舶的錨帶來穩定性，但有時又使我們難以適應新環境。

很少人擁有完美的童年，因此，我們很容易陷入跟童年創傷有關的自我定義中，用以解釋為什麼現在的自己沒有過著理想的生活。「活在過去」的問題是，它阻礙了我們改變，使得內心充滿悲觀。

當然，想要了解自己，就必須回頭看過去的生活是什麼樣子。這就是為什麼任何有效的心理治療，都會講述自己的故事。在「忽略過去」和「沉溺過去」之間某個地方，可以讓我們從發生的事件中學習——包括曾犯下難以避免的錯誤——並且將這些認知納入未來的計畫中。

在這個過程裡，必然需要**練習原諒**，這是不可避免的。也就是說，縱然我們有充足的理由去怨恨，仍要放下心中的憤恨不平。

寬恕，經常會與遺忘或和解混淆，但其實它跟兩者並不相同。**原諒不是一件為他人做的事，而是我們送給自己的禮物**。就像所有真正的療癒一樣，它存在於愛與公正的交叉點。

要承認我們被別人傷害過，但選擇放下怨恨或報復的想法，需要高度的情緒與道德成熟度。這是將自己從壓迫中釋放出來的方法，也是充滿希望的表述——相信自己有能力改變。假如，可以放下深植於過去的執著和虛假的解釋，就可以**自由選擇要用什麼態度面對現在和未來**。這牽涉到你是否有堅定的意識和決心；而意識與決心更是無助和焦慮感的有效解藥，能消除我們大部分的不快樂。

當人們思索生命中不可避免的失去時，哀悼的方式以及如何賦予這段經歷意義，決定了我們如何面對未來。我們最大的挑戰就在於，如何一直保持希望。

◑ ◑

許多人選擇以宗教看待希望。想著自己活在慈愛上帝的指引中，而且應許了永生，這確實是一大安慰。同時為許多信眾回答了普世的問題、一句關於人類存在的短詩：「為什麼是我？」宗教也提供我們一個方法，來處理無常和顯然無法預測的重大損失，為所有世間事找到了解釋。而我們只需要知道上帝的方法凡人難以理解，擁有終極的良善就好了——這樣的想法讓我們如釋重負。

那些像我一樣的懷疑論者，無法或不願意接受這些重大問題只有如此簡單的回答，只能獨自背負活在無常之中的艱難任務。宗教的簡潔陳述安慰不了我們，相反地，我們必須不依靠任何宗教信仰，掙扎著為自己的生命建立某種意義基礎。因為，只要是信仰便需不斷崇拜創造人、並給人們一套教條的神明，才能擊敗我們共同的命運——死亡。

原諒的某種形式，是悲痛的終點。我六歲大的兒子，死於骨髓移植手術的併發症。這項手術本來應該是治療他的白血病，而捐贈人是我。慢慢地，我和他的死亡妥協——不是接受、不是封閉，也絕對不是遺忘——這一直是我對寬恕所做的練習：原諒當初建議動手術的醫生，也原諒自己的骨髓沒能拯救他。

當我為他的生命禱告時，其實是出自絕望的舉動，甚至期待著那時的宗教信仰或許能夠拯救最珍貴的他。在他完美的身體裡，產生了細胞突變而導致死亡，從那時刻開始我就深信，任何允許這件事情發生的神，都不值得我多花任何一點時間思量。

我很羨慕那些經歷這樣的失去後，還能夠維持信仰的人，甚至為之想像出某種目的。我做不到！但我還是希望有一天能與兒子的靈魂重聚，所以我到底算哪門子的不可知論者呢？

每個人身上都背負著傷痕、被拒絕，或遭遇不公的記憶，有時候我們帶著悲痛的決心，牢牢地抓住這些痛苦，使得自己滿心想著那些讓我們不快樂的人或團體。

我們活在一個普遍感到委屈的文化裡。如果每件不幸的事情都能怪罪在他人身上，就可以免去檢討自己所作所為的艱難任務；或是單純地接受現實，認為人生來就是充滿了災難。

但最嚴重的是，把責任排除在自身之外，會因此錯過治療上一個重要的觀念——**遭遇了什麼事固然重要，但遠遠不及我們所採取的回應態度**。

幾年前，我排隊等待滑雪纜車時，被一輛無人駕駛、油門被凍住的雪車撞倒。雖然傷勢導致我短暫地行動不便，但不是永久性的傷害。對我來說，這件事再怎麼看，只是另一件世事難料的災禍。我無法說服自己，籌錢打個官司就可以提高雪車的安全性能。滑雪場的老闆向我道歉，給了我一些免費的纜車搭乘券，事情就這樣結束。我從這次經驗中得到一個好故事，日後也對這些大型移動機械的力量多了分敬畏。

靜下來想想，每個人這一生都會遭受到輕蔑、侮辱、指責，還有更重要的——那些沒有實現的夢想。再想想，我們最親密的人際關係中，又怎麼會充滿了牢騷和積怨呢。對多數人來說，不斷因過去的傷痕而責怪他人，會使得我們分心及忽略真正重要的問題，那就是——**我們現在該做什麼，才能改善生活**。

對許多人而言，過往就像一齣永無終幕的娛樂片，儘管經常讓人感到傷痛，卻還是一遍又遍地重播。它包含了所有解釋、所有悲慘、所有戲劇化事件，說明了我們怎麼成為今天的自己。

如果，我們跟參與的他人核對他們的記憶版本，很可能發現，那些回憶大部分其實都出於我們的想像，卻仍有強大的能力，占據我們的注意力。究竟什麼時候才能停止呢？那些委屈不公和傷害，事到如今已經無法改變，繼續緊抓著憤怒和不快樂又有什麼意義？我們還有別的選擇嗎？

與自己的過去和解，就是一段原諒與放手的過程，是人類所有努力中最簡單也最困難的一件事，更是展現意志和臣服讓步的舉動。直到你真正行動的那一刻前，它看起來就像是件不可能的任務。

我經常要求人們為自己寫墓誌銘，作為促使自己反思的方法。這項練習，是用短短幾個字總結自己的一生。不可避免地，人們會感到困惑，還可能得到一些幽默與自我解嘲的回答，其中包括：「他讀了許多雜誌。」「她起步緩慢，然後放棄了。」「我告訴過你，我生病了。」「我很高興一切都結束了。」

我總會鼓勵他們多思考一下，接著人們會想到人生中最引以為傲的時刻，以及他們扮演父母、配偶，和信仰者等諸多角色。

其實，我真心認為這項練習應該被納入每份遺囑中。在人們認真思索自己的死亡時，為什麼不建議他們加上這一段話：「至於我的墓誌銘嘛，我想要這樣寫……。」有時人們會問我，我自己會選擇什麼墓誌銘。我告訴他們，我喜歡詩人瑞蒙・卡佛（Raymond Carver）這幾句詩：

即使如此，你有沒有得到

此生想要的東西呢？

我有。

那你想要的是什麼？

稱自己為摯愛，感覺到

我在這世上被愛過。

And did you get what

you wanted from this life, even so?

I did.

And what did you want?

To call myself beloved, to feel myself

beloved on the earth.

Note

讀完這本書後，我的改變是什麼？

國家圖書館出版品預行編目資料

青春走得太快，領悟來得太慢：在失去中獲得、在恐懼中勇敢，看精神科醫師如何拿回人生主控權。／戈登・李文斯頓（Gordon Livingston）著；吳宜蓁譯.
-- 初版. -- 臺北市：城邦商業周刊，108.05
224面；14.8×21 公分.
譯自：Too Soon Old, Too Late Smart: Thirty True Things You Need to Know Now
ISBN 978-986-7778-65-9（平裝）
1.生活指導

177.2 108005612

青春走得太快，領悟來得太慢

在失去中獲得、在恐懼中勇敢，看精神科醫師如何拿回人生主控權。

作者	戈登・李文斯頓（Gordon Livingston）
譯者	吳宜蓁
商周集團榮譽發行人	金惟純
商周集團執行長	王文靜
視覺顧問	陳栩椿
商業周刊出版部	
總編輯	余幸娟
責任編輯	呂美雲
封面設計	李涵硯
內頁排版	邱介惠
出版發行	城邦文化事業股份有限公司-商業周刊
地址	104台北市中山區民生東路二段141號4樓
傳真服務	（02）2503-6989
劃撥帳號	50003033
戶名	英屬蓋曼群島商家庭傳媒股份有限公司城邦分公司
網站	www.businessweekly.com.tw
香港發行所	城邦（香港）出版集團有限公司 香港灣仔駱克道193號東超商業中心1樓 電話：(852)25086231傳真：(852)25789337 E-mail：hkcite@biznetvigator.com
製版印刷	中原造像股份有限公司
總經銷	聯合發行股份有限公司　電話：(02) 2917-8022
初版 1 刷	2019年5月
定價	320元
ISBN	978-986-7778-65-9（平裝）

This edition published by arrangement with Da Capo Press, an imprint of Perseus Books, LLC, a subsidiary of Hachette Book Group, Inc., New York, New York, USA.

生命樹

Health is the greatest gift, contentment the greatest wealth.
~Gautama Buddha

健康是最大的利益，知足是最好的財富。——佛陀